Pão Diário

PERSEVERANÇA « e » oração

90 DEVOCIONAIS TEMÁTICOS

Publicações
Pão Diário

PERSEVERANÇA e oração

"Ó meu povo, confie nele em todo tempo;
derrame o coração diante dele,
pois Deus é nosso refúgio."
–SALMO 62:8

ESCRITORES:
Adam R. Holz, Alyson Kieda, Amy Boucher Pye, Arthur L. Jackson, Cindy Hess Kasper, Dave Branon, David C. McCasland, David H. Roper, Estera Pirosca Escobar, James Banks, John Blasé, Julie Schwab, Karen A. Wolfe, Keila Ochoa Harris, Kirsten H. Holmberg, Lawrence Darmani, Leslie Koh, Linda Washington, Lisa M. Samra, Mart DeHaan, Marvin L. Williams, Mike Wittmer, Monica Brands, Patricia Raybon, Peter Chin, Poh Fang Chia, Sheridan M. Voysey, Timothy L. Gustafson, William E. Crowder, Xochitl E. Dixon.

Tradução: Renata Balarini, Rita Rosário, Sandra Pina, Thaís Soler
Revisão: Dalila Mendes, Dayse Fontoura, Rita Rosário, Lozane Winter
Adaptação e edição: Rita Rosário
Coordenação gráfica: Audrey Novac Ribeiro
Diagramação: Denise Duck

Exceto se indicado o contrário, as citações bíblicas são extraídas da Bíblia Sagrada, Nova Versão Transformadora © 2016, Editora Mundo Cristão.

Proibida a reprodução total ou parcial, sem prévia autorização, por escrito, da editora. Todos os direitos reservados e protegidos pela Lei 9.610, de 19/02/1998.

Pedidos de permissão para usar para usar citações deste devocional devem ser direcionados a permissão@paodiario.org

PUBLICAÇÕES PÃO DIÁRIO
Caixa Postal 4190, 82501-970 Curitiba/PR, Brasil
E-mail: publicacoes@paodiario.org • Internet: www.paodiario.org

H0101 • 978-65-86078-80-0

© 2020 Ministérios Pão Diário. Todos os direitos reservados.
Impresso na China

Portuguese ODB Edition

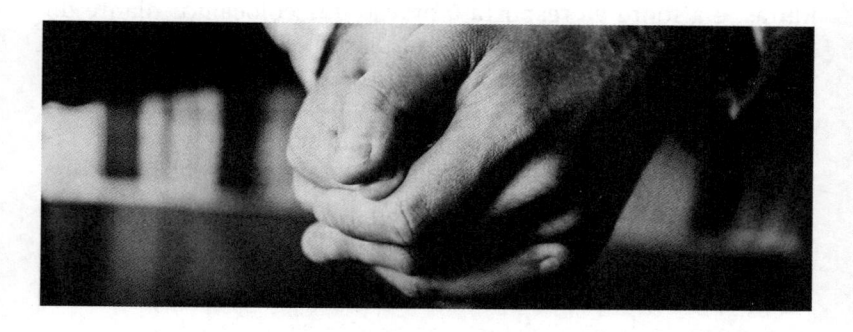

INTRODUÇÃO

PERSEVERANÇA E ORAÇÃO

"Alegrem-se em nossa esperança. Sejam pacientes nas dificuldades e não parem de orar."
—Romanos 12:12

Dizem os dicionários que a perseverança, o ser perseverante e ter paciência, é uma atitude que exige pertinácia, obstinação e constância. Dizem ainda que a oração é uma súplica, um pedido dirigido a Deus. Essas duas palavrinhas "perseverança e oração" são inseparáveis, quase irmãs de verdade, não concorrem entre si.

A vida consistente de oração requer perseverança. No entanto, para que pratiquemos essas duas atitudes é necessário que, pela salvação através do sacrifício e sangue de Jesus, sejamos a habitação do Espírito Santo, caso contrário a oração torna-se mera repetição de palavras, e a perseverança simples rotina. Com a presença do Espírito Santo em nós, a perseverança e a súplica em oração são duas realidades possíveis. A mutualidade, o acontecer juntas, é a fonte da resposta à oração que colocamos diante do trono da graça de Deus. A oração precisa da perseverança, e a perseverança, da oração.

As palavras de Paulo para os romanos de então e para nós ainda hoje nos mostram as expectativas que Deus tem em relação à nossa vida de oração: "não parem de orar". Deus não exige eloquência, nem prolixidade e nem uma quantidade diária de orações. Deus nos pede que sejamos persistentes em orar, que vigiemos e que oremos, sempre.

E o que significa perseverar na oração?
Ser constante e consistente na prática da oração.
Ser diligente e separar tempo para orar.
Ser reverente na presença de Deus.
Ser submisso à Sua orientação.
Ser fiel em orar uns pelos outros, especialmente quando prometemos fazer isso.

Que oremos como o perseverante rei Davi tantas vezes o fez: "Ó Deus, ouve meu clamor! Escuta minha oração! Dos confins da terra clamo a ti, com meu coração sobrecarregado. Leva-me à rocha alta e segura, pois és meu refúgio e minha fortaleza, onde meus inimigos não me alcançarão. Permite-me viver para sempre em teu santuário, seguro sob o abrigo de tuas asas!" (SALMOS 61:1-4).

Na expectativa de trazer a você maior compreensão sobre essas práticas cristãs tão importantes, selecionamos 90 mensagens do reconhecido devocional Pão Diário e as condensamos num único volume. Cada porção de leitura da Bíblia e cada exemplo explanado na meditação diária o incentivarão a perseverar e orar com a confiança de que a vontade de Deus é sempre a melhor. Não somente isso, mas demonstrarão a todos ao seu redor que você não está só. O Altíssimo o orienta, sustém, ensina, ampara, protege e conduz a sua vida. Você deseja perseverar diariamente em suas orações ao Pai?

Não desanime! Ele nos molda enquanto aguardamos a Sua resposta sempre perfeita!

dos editores do Pão Diário

DIA 1

LIDANDO COM O ATRASO

Leitura: Gênesis 45:1-8

Portanto, foi Deus quem me mandou para cá, e não vocês! v.8

Uma **interrupção global** do sistema de informática provocou cancelamentos de voos e impediu a movimentação de milhares de passageiros nos aeroportos. Durante as tempestades, os acidentes automobilísticos fecharam as principais rodovias. Quem prometeu enviar respostas "imediatamente" não conseguiu.

Os atrasos muitas vezes provocam raiva e frustração, mas como seguidores de Jesus, temos o privilégio de buscar ajuda nele. Um dos grandes exemplos bíblicos de alguém paciente é José. Ele foi vendido aos mercadores de escravos por seus irmãos invejosos e foi falsamente acusado pela esposa de seu patrão sendo preso no Egito. "Mas o SENHOR, estava com ele na prisão e o tratou com bondade" (GÊNESIS 39:21). Anos mais tarde, quando José interpretou os sonhos do Faraó, ele tornou-se o segundo no comando do Egito (GÊNESIS 41).

Vemos o fruto mais notável de sua paciência quando os seus irmãos vieram comprar grãos durante o tempo de fome. "Eu sou José, o irmão que vocês venderam como escravo ao Egito. Agora, não fiquem aflitos ou furiosos uns com os outros por terem me vendido para cá. Foi Deus quem me enviou adiante de vocês para lhes preservar a vida. [...] Portanto, foi Deus, quem me mandou para cá, e não vocês" (45:4,5,8).

À medida que confiamos no Senhor tenhamos paciência, nova perspectiva e paz em todos os atrasos; breves ou longos. DCM

Pai celestial, podemos confiar em ti sempre.

**A confiança em Deus nos capacita
a viver pacientemente nossa fé.**

DIA 2

É BOM PERGUNTAR

Leitura: Salmo 143:4-11

Mostra-me por onde devo andar... v.8

Meu pai sempre teve uma noção de direção que eu invejava. Ele sabia localizar instintivamente o norte, o sul, o leste e o oeste como se tivesse nascido com essa percepção. Ele sempre acertou; até que certa noite, meu pai se perdeu. Minha mãe e ele foram a um evento numa cidade que ainda não conheciam e saíram desse local quando estava bem escuro. Papai estava certo de que sabia a direção para voltar, mas não sabia. Deu voltas, ficou confuso e, finalmente, frustrado. Minha mãe o tranquilizou: "Sei que é difícil, mas pesquise o caminho no celular. Faça uso da tecnologia. Não tem problema". E pela primeira vez, meu pai, de 66 anos, buscou ajuda no celular para encontrar o caminho.

O salmista era um homem com rica experiência de vida. Mas os salmos revelam alguns momentos em que Davi se perdeu espiritual e emocionalmente. O Salmo 143 registra um desses momentos. O coração do grande rei perdera "todo o ânimo" (v.4). Ele estava em "sofrimento" (v.11). Portanto, Davi fez uma pausa e orou: "Mostra-me por onde devo andar" (v.8). E, longe de poder contar com a ajuda de um celular, o salmista clamou ao Senhor, dizendo: "pois me entrego a ti" (v.8).

Se o "homem segundo o coração dele [do Senhor]" (1 SAMUEL 13:14) sentiu-se perdido, também precisamos da direção de Deus. JB

O que o levou a sentir-se apático, possivelmente confuso e talvez até frustrado esses dias?
Por que você resiste em pedir a ajuda de Deus e dos outros?

**Buscar a orientação de Deus é mais do que normal;
é o melhor a se fazer.**

DIA 3

PELO PODER DO ESPÍRITO

Leitura: Zacarias 4:1-7

Nada será obstáculo para Zorobabel, nem mesmo uma grande montanha; diante dele ela se tornará uma planície! v.7

O que você faz quando há uma montanha em seu caminho? A história de Dashrath Manjhi pode nos inspirar. Quando a esposa dele morreu porque não foi possível levá-la ao hospital, Manjhi fez o que parecia impossível. Ele passou 22 anos abrindo manualmente uma passagem enorme por uma montanha para que os outros moradores pudessem chegar mais rápido ao hospital local e receber os cuidados médicos que porventura precisassem. Antes de Manjhi morrer, o governo da Índia o condecorou por seu feito.

A reconstrução do Templo deve ter parecido impossível a Zorobabel, um dos líderes de Israel que retornou do exílio. O povo estava desanimado, tinha enfrentado a oposição de seus inimigos, e precisava de recursos ou de um grande exército. Mas Deus enviou Zacarias para lembrar a Zorobabel que a tarefa precisaria de algo mais poderoso do que a defesa militar, a força individual ou os recursos feitos pelo homem. Precisaria do poder do Espírito (v.6). Com a certeza da ajuda divina, Zorobabel confiava que Deus nivelaria qualquer montanha de dificuldade que estivesse no caminho da reconstrução do Templo e restauração da comunidade (v.7).

O que fazemos quando há uma "grande montanha" diante de nós? Temos duas opções: confiar em nossa própria força ou confiar no poder do Espírito. Se confiarmos em Seu poder, Ele nivelará a montanha ou nos dará a força e a resistência para que possamos escalar. *MLW*

Quais montanhas e desafios se interpõe em seu caminho? Ore sobre isso.

O poder humano é inadequado para cumprir os propósitos de Deus.

DIA 4

IMAGEM PANORÂMICA

Leitura: 1 Pedro 2:1-10

Vocês, porém, são povo escolhido, reino de sacerdotes, nação santa [...] podem mostrar às pessoas como é admirável aquele que os chamou das trevas para sua maravilhosa luz. v.9

Durante a cobertura televisiva da posse do primeiro presidente afro-americano dos Estados Unidos, a câmera mostrou uma vista panorâmica da enorme multidão de quase dois milhões de pessoas que se reuniram para testemunhar o evento histórico. Um repórter assinalou: "A estrela desse show é a imagem panorâmica". Apenas esse tipo de imagem poderia captar a multidão que se estendia de uma extremidade à outra.

As Escrituras nos dão um vislumbre de uma multidão ainda maior unida pela fé em Jesus Cristo: "Vocês, porém, são povo escolhido, reino de sacerdotes, nação santa [...] podem mostrar às pessoas como é admirável aquele que os chamou das trevas para sua maravilhosa luz" (v.9).

Essa não é uma imagem de alguns poucos privilegiados, mas dos muitos resgatados de "toda tribo, língua, povo e nação" (APOCALIPSE 5:9). Hoje, estamos espalhados pelo globo, onde muitos se sentem isolados e sofrem por sua fidelidade a Jesus. Mas, através das lentes da Palavra de Deus, vemos a imagem panorâmica dos nossos irmãos e irmãs na fé unidos para honrar Aquele que nos redimiu e nos tomou para si.

Que nos juntemos para louvar a Deus que nos tirou das trevas e nos levou para a luz! *DCM*

Senhor, nós reconhecemos que tu és digno de todo louvor!
Somos o Teu povo e te reverenciamos.

Você louva o Senhor continuamente?

DIA 5

BRANCOS COMO A NEVE

Leitura: Isaías 1:16-20

Embora seus pecados sejam como o escarlate, eu os tornarei brancos como a neve. v.18

Fui passear nas montanhas com a minha família durante o inverno. Tínhamos vivido num clima tropical a vida inteira, e essa seria a primeira vez que veríamos a neve em todo o seu esplendor. Contemplando o manto branco cobrindo os campos, meu marido citou Isaías: "...Embora os seus pecados sejam como o escarlate, eu os tornarei brancos como a neve" (v.18).

Nossa filha, de 3 anos, perguntou o significado de escarlate, e questionou: "A cor vermelho é ruim?". Ela sabe que Deus não gosta dos pecados, mas este versículo não fala sobre as cores. O profeta descrevia o corante vermelho brilhante obtido a partir de um pequeno inseto O tecido era imerso nessa cor vermelha brilhante por duas vezes, para que a cor se fixasse nele. Nem a chuva nem a lavagem removeria essa nova cor. O pecado é assim. Nenhum esforço humano pode tirar o que está enraizado no coração.

Somente Deus pode purificar o coração do pecador. E enquanto olhávamos para as montanhas, admirávamos aquela pura brancura que nem mesmo o esfregar e branquear um pedaço de pano tingido em vermelho escarlate pode alcançar. Quando seguimos o ensinamento de Pedro: "Agora, arrependam-se e voltem-se para Deus, para que seus pecados sejam apagados" (ATOS 3:19), Deus nos perdoa e nos dá nova vida. Somente através do sacrifício de Jesus podemos receber o que ninguém mais pode nos conceder — um coração puro. Que presente maravilhoso! KOH

*Pai, obrigado por nos perdoares
e pela purificação de nossos pecados.*

**Quando Deus nos perdoa, Ele nos purifica
e nos oferece a vida eterna também.**

DIA 6

MUDANÇA DE ÂNIMO

Leitura: Salmo 94:2,16-23

Quando minha mente estava cheia de dúvidas, teu consolo me deu esperança e ânimo. v.19

Esperando na estação de trem pelo meu trajeto semanal enquanto os trabalhadores se enfileiravam para embarcar, os pensamentos negativos povoaram minha mente. Lembrei-me do estresse por causa de dívidas, de comentários negativos e da impotência diante da injustiça cometida a um membro da família. Quando o trem chegou, meu humor estava terrível.

No interior do trem, outro pensamento me veio à mente: escrever um bilhete a Deus relatando os meus lamentos. Logo depois de derramar minhas queixas por escrito, peguei o celular e escutei canções de louvor. Antes de perceber, meu humor já tinha mudado completamente.

Pouco sabia que estava seguindo um padrão estabelecido pelo autor do Salmo 94. O salmista primeiramente derramou suas queixas a Deus: "Levanta-te, ó Juiz da terra, dá aos orgulhosos o que merecem [...]. Quem me protegerá dos perversos? Quem me defenderá dos que praticam o mal?" (vv.2,16.). Ele não se segurou ao falar com Deus sobre a injustiça cometida aos órfãos e às viúvas. Depois de fazer seu lamento, o salmo tornou-se em louvor: "Mas o Senhor é a minha fortaleza; meu Deus é a rocha onde me refugio" (v.22).

Deus nos convida a lhe entregar os nossos lamentos. O Senhor pode transformar o nosso medo, a nossa tristeza e a nossa impotência em louvores a Ele. *LMW*

Senhor, derramo meu coração perante o Teu trono.
Toma as minhas dores e a minha ira e concede-me a Tua paz.

Quando louvamos o Senhor, Ele tem o poder
de aliviar o nosso mais pesado fardo.

DIA 7

APROVEITANDO A CHANCE

Leitura: Colossenses 4:2-6

Vivam com sabedoria entre os que são de fora e aproveitem bem todas as oportunidades. v.5

Como muitos outros, eu também luto para me exercitar o suficiente. Por isso, comprei um pedômetro para me motivar. É simples, mas é incrível a diferença que esse contador de passos está fazendo em minha motivação. Em vez de reclamar ao levantar do sofá, passei a ver isso como uma chance de dar alguns passos a mais. Tarefas como buscar um copo de água para os meus filhos se tornaram oportunidades que me ajudam a atingir um objetivo maior. Nesse sentido, o pedômetro mudou a minha perspectiva e motivação. Agora tento dar passos extras sempre que isso é possível.

Pergunto-me se a nossa vida cristã não é um pouco assim. Temos oportunidades de amar, servir e interagir com outras pessoas todos os dias, como nos exorta Paulo em Colossenses 4:5. Mas, será que estamos sempre cientes desses momentos? Prestamos atenção nas oportunidades para sermos encorajadores em interações aparentemente simples? Deus age na vida de cada pessoa com quem me relaciono, de minha família e colegas de trabalho, até mesmo na do atendente da mercearia. Cada interação me oferece uma chance de prestar atenção ao que Deus está fazendo — mesmo em algo "singelo" como perguntar ao atendente como ele ou ela está.

Quem pode prever como Deus agirá quando estivermos alertas às oportunidades que o Senhor coloca em nosso caminho? ARH

Pai eterno, há tantas chances para amar,
ouvir e servir àqueles ao nosso redor todos os dias.
Ajuda-me a perceber as necessidades dos outros.

Aproveite cada oportunidade para servir ao próximo.

DIA 8

ADOTADOS

Leitura: Gálatas 4:1-7

...Deus enviou seu Filho [...] a fim de nos adotar como seus filhos. vv.4,5

Fico feliz quando um filantropo decide construir um orfanato. Fico emocionado quando essa pessoa faz ainda mais e adota uma criança. A maioria dos órfãos se alegraria simplesmente em ter um padrinho. Mas como seria a sensação de descobrir que o padrinho não está satisfeito apenas em me ajudar, mas que ele me quer como filho?

Se você é filho de Deus, já sabe disso. Não poderíamos reclamar se Deus nos amasse o suficiente para enviar Seu Filho a fim de não perecermos, mas termos a vida eterna (JOÃO 3:16). Isso nos bastaria. Mas não bastaria para "Deus [que] enviou seu Filho" para nos resgatar, não como uma finalidade em si, mas "a fim de nos adotar como seus filhos" (vv.4,5).

Paulo se referiu a nós como "filhos", porque, em sua época, era comum que os filhos herdassem as riquezas do pai. Ele quer dizer que qualquer um que coloca a fé em Jesus torna-se "filho" de Deus com os mesmos direitos à herança (v.7).

Deus não quer simplesmente *salvá-lo*. Ele *quer* você. Ele o adotou em Sua família, deu-lhe o Seu nome (APOCALIPSE 3:12) e orgulhosamente o chama de filho. Você provavelmente não poderia ser mais amado, nem ser amado por alguém mais importante. Você não é simplesmente abençoado por Deus. Você é *filho* de Deus. Seu Pai celestial o ama. *MEW*

Pai, que privilégio te chamar assim! Sou grato por me salvares e desejares que eu fique perto de ti.

Mais do que salvos, somos amados por Deus.

DIA 9

LOUVAR PELOS PROBLEMAS

Leitura: Jó 1:13-22

Aceitaremos da mão de Deus apenas as coisas boas e nunca o mal?... 2:10

"**É** câncer". Eu queria ter sido forte quando mamãe me disse isso, mas chorei. Ninguém quer ouvir isso. Mas era sua terceira batalha contra o câncer. Após uma mamografia e biopsia de rotina, ela soube que tinha um tumor maligno sob o braço.

Apesar de a notícia ser ruim para minha mãe, foi ela quem me consolou. Sua reação me deu o alerta: "Sei que Deus é sempre bom comigo. É sempre fiel". Mesmo tendo enfrentado uma cirurgia difícil, seguida por radioterapia, mamãe tinha a certeza da presença e fidelidade de Deus.

A mesma certeza de Jó, que perdera os filhos, a riqueza e a saúde, porém, ao saber disso: "...prostrou-se com o rosto no chão em adoração" (1:20). Quando aconselhado a maldizer a Deus, respondeu: "Aceitaremos da mão de Deus apenas as coisas boas e nunca o mal?" (2:10). Que resposta! Embora tenha reclamado depois, Jó finalmente aceitou que Deus jamais mudara. Sabia que o Senhor estava com ele e que ainda se importava.

Para a maioria de nós, louvar não é a nossa reação imediata às dificuldades. Às vezes a dor é tão sufocante, que a atacamos com medo ou raiva. Mas a reação de minha mãe me lembrou de que Deus ainda está presente, ainda é bom. O Senhor nos ajudará nos momentos difíceis.

LMW

*Senhor, prepara-me para louvar-te
quando chegar o momento mais difícil.*

**Mesmo nos piores momentos
elevemos os nossos olhos ao Senhor.**

DIA **10**

O AMOR NOS TRANSFORMA

Leitura: Atos 9:1-22

Logo, começou a falar de Jesus nas sinagogas, dizendo: "Ele é o Filho de Deus". v.20

Antes de conhecer Jesus, eu estava tão ferida a ponto de evitar relacionamentos próximos por medo de me magoar ainda mais. Minha mãe tinha sido a minha melhor amiga até eu me casar com Alan. Sete anos depois e na iminência do divórcio, levei nosso filho pequeno, Xavier, a um culto. Sentada próxima à saída, temia confiar, mas estava desesperada por receber ajuda.

Alguns cristãos oraram por nossa família e me ensinaram a ter um relacionamento com Deus por meio da oração e leitura da Bíblia. Com o tempo, o amor de Cristo e de Seus seguidores me transformou.

Em dois anos, a família toda foi batizada. Tempos depois, minha mãe comentou: "Você está diferente. Fale-me mais sobre Jesus". Alguns meses se passaram, e ela também aceitou a Cristo.

Jesus transforma vidas... como a de Saulo, um dos mais temidos perseguidores da Igreja até o seu encontro com Cristo (vv.1-5). Outros ajudaram Saulo a aprender mais sobre Jesus (vv.17-19). A drástica transformação dele se somou à credibilidade de seu ensinamento capacitado pelo Espírito (vv.20-22).

Nosso primeiro encontro pessoal com Jesus pode não ser tão dramático. A transformação da nossa vida pode não ser tão rápida ou tão drástica. Mas, à medida que as pessoas notarem como o amor de Cristo nos transforma, teremos oportunidades de dizer aos outros o que Ele fez por nós. XED

*Senhor, graças te damos por nos lembrares
de que o Senhor ainda transforma vidas.*

**A vida transformada pelo amor de Deus
é digna de ser compartilhada.**

DIA 11

CORAGEM PARA SER FIEL

Leitura: 1 Pedro 3:13-18

Portanto, não se preocupem e não tenham medo de ameaças. v.14

O medo foi o companheiro constante de Hadassah, uma jovem judia do primeiro século. Hadassah é a personagem ficcional do livro *A Voice in the Wind* (Uma voz ao vento) de Francine Rivers. Após se tornar escrava numa casa romana, Hadassah teme ser perseguida por sua fé em Cristo. Sabe que os cristãos são desprezados, e muitos são executados ou jogados aos leões na arena. Será que ela terá coragem para defender a verdade quando testada?

Quando seu pior medo se torna realidade, sua dona e outros oficiais romanos que odeiam os cristãos a confrontam. Ela tem duas alternativas: negar sua fé em Cristo, ou ser levada à arena. Ao proclamar Jesus como o Cristo, seu medo se dissipa e ela se torna corajosa, mesmo frente à morte.

A Bíblia nos lembra de que algumas vezes sofreremos por fazer o que é certo — seja por compartilhar o evangelho, ou por viver de modo santo, contra os valores atuais. A Bíblia nos exorta para não termos medo (v.14); e nos diz: "consagrem a Cristo como o Senhor de sua vida" (v.15). A principal batalha de Hadassah aconteceu em seu coração. Quando, por fim, decidiu escolher Jesus, encontrou a coragem para ser fiel.

Quando decidimos honrar a Cristo, Ele nos ajudará a sermos corajosos e a superar nossos medos em meio à oposição. KOH

Pai, dá-me a coragem para me manter firme em momentos difíceis.

Sejamos corajosos ao testemunharmos de Jesus.

DIA 12

BOAS OBRAS PREPARADAS

Leitura: Efésios 2:6-10

...somos [...] criados em Cristo Jesus a fim de realizar as boas obras que ele [...] planejou para nós. v.10

Quando um estranho corpulento se aproximou de nós na rua de um país estrangeiro, minha esposa e eu nos encolhemos de medo. Nosso feriado não estava sendo bom; haviam gritado conosco, enganando-nos e extorquindo várias vezes. Seríamos "depenados" de novo? Para a nossa surpresa, o homem queria apenas nos mostrar onde teríamos a melhor vista da cidade. Logo depois, ele nos presenteou com uma barra de chocolate, sorriu e foi embora. Aquele gesto simples alegrou o nosso dia e salvou a viagem inteira. Aquele pequeno gesto nos tornou gratos, tanto ao homem quanto a Deus, por nos levantar o ânimo.

O que levara o homem a chegar até dois estranhos? Será que ele tinha passado o dia todo com uma barra de chocolate buscando alguém com a qual pudesse abençoar?

É incrível como a ação mais simples pode produzir o maior sorriso, e possivelmente levar alguém a Deus. A Bíblia enfatiza a importância de se fazer boas obras (TIAGO 2:17,24). Se tais obras parecerem algo desafiador, temos a garantia de que Deus não apenas nos capacitará a realizá-las, mas também saberemos que se trata das obras que Ele "de antemão planejou para nós" (v.10).

Talvez, Deus providencie que "esbarremos" em alguém que necessite de uma palavra de ânimo hoje ou nos dê a oportunidade de oferecer ajuda. Tudo o que temos a fazer é obedecer ao toque divino.

LK

Por quem você pode orar ou ajudar hoje?
Quem Deus poderia colocar em seu caminho?

Senhor, que eu possa obedecer-te e compartilhar o Teu amor pelos outros assim como tu o fizeste.

DIA 13

DEUS ESTÁ PRESENTE

Leitura: Efésios 3:14-19

Peço que, da riqueza de sua glória, ele os fortaleça com poder interior por meio de seu Espírito. v.16

Aranhas. **Não conheço** uma criança que goste delas, pelo menos, não em seu quarto, na hora de dormir. Mas, certa noite, enquanto minha filha se preparava para dormir, ela viu uma perigosamente perto de sua cama. *"Paai!!! Araanha!"*, gritou. Apesar de minha determinação, não consegui achar o intruso de oito pernas. "Não vai machucá-la", garanti. Ela não se convenceu, e só concordou em ir para a cama quando lhe disse que ficaria de guarda.

Ela se acomodou, segurei suas mãos e disse: "Amo muito você. Estou aqui. Mas sabe de uma coisa? Deus a ama ainda mais do que o papai e a mamãe. E Ele está bem perto. Sempre que você estiver assustada, pode orar". Isso pareceu confortá-la e ela dormiu rapidamente.

As Escrituras garantem que Deus está sempre perto (SALMO 145:18; ROMANOS 8:38,39; TIAGO 4:7,8), mas, às vezes, lutamos para crer nisso. Talvez tenha sido por isso que Paulo orou para que os cristãos em Éfeso tivessem *força* e *poder* para entender essa verdade (EFÉSIOS 3:16). Ele sabia que quando estamos assustados, podemos perder de vista a proximidade de Deus. Porém, assim como segurei carinhosamente a mão de minha filha naquela noite, nosso Pai celestial está sempre à distância de uma oração de nós.   ARH

Senhor, obrigado por estares sempre por perto. Dá-nos força e poder em nosso coração para lembrarmos isso, e também que o Teu amor é profundo, e que sempre podemos clamar a ti.

Deus está sempre perto, apesar de nossos medos.

DIA **14**

AMOR E PAZ

Leitura: Salmo 16

...não deixarás minha alma entre os mortos [...] me mostrarás o caminho da vida e [...] a alegria da tua presença... vv.10,11

Sempre me surpreende a forma como a paz — poderosa e inexplicável (FILIPENSES 4:7) — pode encher o nosso coração mesmo em meio à dor mais profunda. Passei por isso recentemente no funeral do meu pai. Uma fila de conhecidos passava oferecendo condolências quando me senti aliviada em ver um amigo da adolescência. Sem nada dizer, ele me envolveu com um longo abraço apertado. Seu entendimento silencioso fluiu em mim com a primeira sensação de paz em meio à dor, um lembrete poderoso de que eu não estava sozinha.

Como Davi descreve no Salmo 16, o tipo de paz e alegria que Deus traz à nossa vida não é provocado pela escolha de reprimir a dor em tempos difíceis. É como uma dádiva que só podemos usufruir quando nos refugiamos em Deus (vv.1,2).

Podemos reagir à dor causada pela morte distraindo-nos, imaginando que buscar outros "deuses" manterá a dor a distância. Porém, veremos que os esforços para fugir da aflição apenas geram uma dor ainda mais profunda (v.4).

Podemos nos voltar para Deus, confiando, mesmo sem entender, que a vida que Ele nos concedeu ainda é boa e linda (vv.6-8). E podemos nos render aos Seus braços de amor que carinhosamente nos carregam, em meio à dor, para a paz e a alegria que nem a morte pode extinguir (v.11). MRB

Pai, somos gratos pela forma como o Teu toque carinhoso
nos abraça em momentos de alegria e
de sofrimento. Ajuda-nos a confiar em ti para obter a cura.

O amor de Deus, mesmo em meio à dor,
nos ampara e sustenta em paz e alegria.

DIA 15

AFIVELADOS!

Leitura: Hebreus 4:11-16

...aproximemo-nos com toda confiança do trono da graça, onde receberemos misericórdia e encontraremos graça... v.16

O comandante acionou o aviso para apertar os cintos e disse: "Estamos entrando em zona de turbulência. Por favor, retornem aos assentos e afivelem os cintos". Os comissários de bordo dão esse alerta porque, em zonas de turbulência, os passageiros podem se ferir. Atados aos assentos, passam pela turbulência com segurança.

Na maioria das vezes, a vida não dá alertas para as inquietações que vêm em nossa direção. Mas o nosso amoroso Pai conhece as nossas lutas, preocupa-se, e nos convida a entregar-lhe as nossas ansiedades, dores e medos. As Escrituras dizem: "Nosso Sumo Sacerdote entende nossas fraquezas, pois enfrentou as mesmas tentações que nós, mas nunca pecou. Assim, aproximemo-nos com toda confiança do trono da graça, onde receberemos misericórdia e encontraremos graça para nos ajudar quando for preciso" (vv.15,16).

Em tempos de turbulência, o melhor a fazer é irmos ao Pai em oração. A frase "graça para nos ajudar quando for preciso" — significa que em Sua presença podemos estar "afivelados" em paz em tempos ameaçadores, porque levamos nossas preocupações Àquele que é maior do que tudo! Quando a vida parece opressiva, podemos orar. O Senhor pode nos ajudar em meio à turbulência.

WEC

Pai, às vezes a vida é assoladora. Ajuda-me a confiar em ti em todos os momentos turbulentos, sabendo que te importas profundamente comigo.

Não podemos prever as provações, mas podemos orar ao nosso Pai, que nos compreende.

DIA 16

ORANDO E CRESCENDO

Leitura: Jonas 4

E tudo que fizerem ou disserem, façam em nome do Senhor Jesus, dando graças a Deus... Colossenses 3:17

Quando a esposa de um amigo adoeceu, ele precisou se aposentar mais cedo para cuidar dela. Ele sentiu raiva de Deus, mas quanto mais ele orava, mais o Senhor lhe mostrava como fora egoísta na maior parte do casamento. E confessou: "Ela está doente há dez anos, mas Deus tem me ajudado a ver as coisas de outra forma. Agora, tudo o que faço por amor a ela, também faço por Jesus. Cuidar dela se tornou o meu maior privilégio".

Às vezes, Deus responde nossas orações não nos dando o que queremos, mas nos desafiando a mudar. Quando Jonas sentiu raiva de Deus por ter poupado a cidade de Nínive, Deus permitiu que uma planta o protegesse do sol. E depois a fez murchar. Quando o profeta reclamou, Deus respondeu: "Você acha certo ficar tão irado por causa da planta?" (JONAS 4:6-9). Focado em si mesmo, Jonas insistiu que sim. Mas Deus o desafiou a pensar nos outros e a ter compaixão.

Às vezes, Deus usa as nossas orações de formas inesperadas para nos ajudar a aprender e a crescer. Podemos receber essa mudança de coração aberto porque Ele quer nos transformar com o Seu amor. *JBB*

Senhor, agradeço-te por me ajudares a crescer quando eu oro.
Ajuda-me a ser sensível ao que queres para a minha vida.

Deus nos faz crescer quando investimos
o nosso tempo em Sua presença.

DIA **17**

QUANDO DEUS NOS PREENCHE

Leitura: Salmo 16:5-11

Tu me mostrarás o caminho da vida e me darás a alegria de tua presença e o prazer de viver contigo... v.11

"**O que eu fiz?**". Deveria ser uma das melhores épocas de minha vida, mas era a mais solitária. Eu tinha acabado de conseguir meu primeiro emprego "de verdade" depois da faculdade, numa cidade muito longe de onde eu crescera. Mas a adrenalina logo se dissipou. Meu apartamento era minúsculo, sem mobília, eu não conhecia a cidade, e não conhecia *ninguém*. O trabalho era interessante, mas a solidão era *esmagadora*.

Uma noite, lendo sentado contra a parede, deparei-me com a promessa, no Salmo 16:11, de que Deus nos preencherá. E orei: "Senhor, achei que esse emprego era o certo, mas me sinto só. Por favor, preencha-me com a sensação da Tua proximidade". Pedi isso de diversas formas por semanas. Algumas noites, a sensação de solidão diminuía e eu sentia a profunda presença de Deus. Em outras, ainda me sentia dolorosamente isolado.

Porém, voltando àquele versículo, ancorando nele o meu coração noite após noite, Deus aprofundou gradativamente a minha fé. Experimentei a Sua fidelidade de forma inédita. Aprendi que a minha parte era apenas derramar o meu coração perante Ele... e esperar humildemente por Sua resposta fiel, confiando em Sua promessa de nos preencher com o Seu Espírito. ARH

Senhor, às vezes nos sentimos vazios. Mas tornaste conhecido o caminho da vida e desejas que confiemos em ti. Ajuda-nos a nos agarrarmos a Tua promessa de nos preencher em nossos momentos desesperadores.

Ancore o seu coração em Deus.

DIA 18

O MAIOR PRESENTE

Leitura: João 1:43-51

...Encontramos [...] Jesus de Nazaré, filho de José. v.45

Depois de lhe contar que eu havia recebido Jesus como Salvador, minha amiga Bárbara me deu o maior presente de todos: minha primeira Bíblia. Ela disse: "Você pode se achegar a Deus e amadurecer espiritualmente encontrando-se com Ele todos os dias, lendo as Escrituras, orando, confiando e obedecendo-o". Minha vida mudou quando ela me sugeriu que conhecesse melhor a Deus.

Ela me lembra de Filipe. Depois de Jesus o convidar para segui-lo (v.43), o apóstolo imediatamente disse ao seu amigo Natanael que Jesus era "aquele sobre quem Moisés, na lei, e os profetas escreveram" (v.45). Quando Natanael duvidou, Filipe não discutiu, não o criticou nem desistiu do amigo. Simplesmente o convidou para conhecer Jesus face a face: "Venha e veja você mesmo" (v.46).

Imagino a alegria de Filipe ao ouvir Natanael declarar Jesus como "o Filho de Deus" e "o Rei de Israel" (v.49). Que bênção saber que seu amigo não deixaria de ver as "coisas maiores" que Jesus prometeu que eles veriam (vv.50,51).

O Espírito inicia o nosso relacionamento íntimo com Deus e então passa a viver naqueles que respondem com fé. Ele nos capacita a conhecê-lo pessoalmente e a convidar outros a encontrá-lo todos os dias por Seu Espírito e através das Escrituras. Um convite para conhecer Jesus face a face é um grande presente para se oferecer e para se receber. XED

A quem você convidará para conhecer melhor a Jesus?
Como Ele age por intermédio
de outras pessoas para aumentar a sua fé?

Conhecer Jesus é o maior presente que podemos receber; compartilhá-lo é o maior que podemos dar.

DIA 19

GRAMA OU GRAÇA

Leitura: Gênesis 13:1-18

Ló escolheu para si todo o vale do Jordão... v.11

Meu amigo Alfredo voltou das férias e descobriu que o seu vizinho erguera uma cerca invadindo 1,5 m de sua propriedade. Durante semanas, ele tentou que o vizinho a removesse. Ofereceu-se para ajudar e dividir o custo, mas não conseguiu. Alfredo poderia ter apelado à justiça, mas naquele momento deixou a cerca como estava — para mostrar ao vizinho algo sobre a graça de Deus.

"Alfredo é um banana!", você diria. Não! Ele é um homem que escolheu a graça ao invés de um pedaço de terra.

Veja Abraão e Ló, que entraram em conflito por causa de seus rebanhos. "Logo, surgiram desentendimentos entre os pastores de Abrão e os de Ló. Naquele tempo, os cananeus [...] [incrédulos] também viviam na terra" (v.7). Ló escolheu a melhor terra e, no final, perdeu tudo. Abraão ficou com o que restou e ganhou a terra prometida (vv.12-17).

Nós temos direitos e podemos *reclamá-los,* especialmente quando envolve os direitos de outras pessoas. E, às vezes, *devemos* insistir neles. Paulo insistiu quando o Sinédrio agiu injustamente (ATOS 23:1-3). Mas podemos escolher deixar o nosso direito de lado para mostrar ao mundo um jeito melhor. A Bíblia chama isso de "mansidão" — não de fraqueza. Força sob o controle de Deus.

DHR

Senhor, sou propenso a cuidar de mim. Dá-me discernimento para saber o momento em que o abrir mão de meus direitos demonstrará melhor o Teu amor e a Tua graça.

A minha vida ajuda a manifestar Deus aos meus vizinhos.

DIA **20**

PRECISA DE UM NOVO CORAÇÃO?

Leitura: Ezequiel 36:24-27

Eu lhes darei um novo coração e colocarei em vocês um novo espírito... v.26

Recebemos a péssima notícia de que meu pai estava com três artérias obstruídas. Agendamos a cirurgia para o dia 12 de junho, e ele disse esperançoso: "Vou ter um coração novo no Dia dos Namorados!". E assim aconteceu! A cirurgia restaurou o fluxo de sangue para o seu "novo" coração.

A cirurgia dele me fez lembrar que Deus nos oferece uma nova vida também. Quando o pecado entope as nossas "artérias" espirituais —, nossa capacidade de nos conectar com Deus, precisamos de uma ação divina para liberá-las.

Foi isso que Deus prometeu ao Seu povo em Ezequiel 36:26. Ele garantiu aos israelitas: "Eu lhes darei um novo coração... Removerei seu coração de pedra e lhes darei coração de carne. Eu os purificarei de sua impureza" (v.25) e "porei dentro de vocês meu Espírito" (v.27). Para um povo que havia perdido a esperança, Deus prometeu um novo começo.

Essa promessa foi finalmente cumprida pela morte e ressurreição de Jesus. Quando confiamos nele, recebemos um novo coração espiritual, um coração purificado de pecados e desespero. Pleno do Espírito de Cristo, nosso novo coração bate com a força vital espiritual de Deus, e assim "podemos viver uma nova vida" (ROMANOS 6:4). *ARH*

Como a promessa de Deus de uma nova vida traz esperança quando você lida com a culpa ou com a vergonha? Como você expressará confiança no poder do Espírito, não no seu próprio poder, hoje?

Pai, somos gratos pela esperança que temos em Jesus. Ajuda-nos a confiar em ti sempre sob a liderança do Teu Espírito.

DIA 21

FÉ, AMOR E ESPERANÇA

Leitura: 1 Tessalonicenses 1:1-3

Sempre damos graças a Deus por todos vocês... v.2

Durante 10 anos, a minha tia Kathy cuidou do pai dela (meu avô) em sua casa. Ela cozinhava e limpava enquanto ele era independente, e depois assumiu o papel de enfermeira, quando a saúde dele decaiu.

O trabalho dela é um exemplo moderno do que Paulo escreveu aos tessalonicenses, dizendo que agradecia a Deus pelo "trabalho fiel, seus atos em amor e sua firme esperança em nosso Senhor Jesus Cristo" (v.3).

Minha tia serviu com fé e amor. Seu cuidado diário, consistente, era o resultado de acreditar que Deus a tinha chamado para essa importante tarefa. Seu trabalho nasceu do amor dela por Deus e por seu pai.

Ela também suportou na esperança. Meu avô era um homem muito bondoso, tornando-se difícil vê-lo envelhecer. Ela abriu mão de tempo com a família e amigos, e limitou as suas viagens para dedicar-se ao cuidado dele. Foi capaz de suportar isso por causa da esperança de que Deus a fortaleceria a cada dia, e do Céu que aguardava o meu avô.

Seja cuidando de um parente, ajudando um vizinho ou voluntariando o seu tempo, encoraje-se ao fazer a tarefa para a qual Deus o chamou. Seu trabalho pode ser um testemunho poderoso de fé, esperança e amor. *LMS*

Senhor, que eu possa ter olhos para ver as necessidades dos outros, a Tua direção para qualquer forma em que eu possa ajudar, e o poder do Espírito para obedecer. Que eu possa viver pela fé, o amor e esperança que me tens dado.

**A glória da vida é amar, não ser amado;
é doar, não receber; é servir, não ser servido.**

DIA **22**

BOAS NOVAS PARA CONTAR

Leitura: Atos 8:26-35

Filipe, começando com essa mesma passagem das Escrituras, anunciou-lhes as boas novas a respeito de Jesus. v.35

"**Q**ual é o seu nome?", perguntou Arman, um aluno iraniano. Após lhe dizer que me chamava Estera, o rosto dele se iluminou: "Temos um nome parecido em farsi: Setare!". Essa pequena conexão abriu portas para uma conversa incrível. Contei-lhe que o meu nome era o mesmo da personagem bíblica, "Ester", uma rainha judia na Pérsia (atual Irã). Começando por sua história, falei sobre as boas novas de Jesus. Como resultado dessa conversa, ele começou a frequentar um grupo de estudo bíblico para aprender mais sobre Cristo.

Filipe, seguidor de Jesus, guiado pelo Espírito Santo fez uma pergunta que deflagrou uma conversa com um oficial etíope que viajava em sua carruagem: "O senhor compreende o que lê?" (v.30). O etíope lia uma passagem do livro de Isaías em busca de discernimento espiritual. Filipe lhe perguntou no momento exato. O etíope convidou Filipe para sentar-se perto dele e o ouviu humildemente. Percebendo a oportunidade, o discípulo "começando com essa mesma passagem das Escrituras, anunciou-lhes as boas novas a respeito de Jesus" (v.35).

Como ele, também temos boas novas para contar. Aproveitemos as ocasiões diárias no trabalho, no supermercado, no bairro... Que sejamos guiados pelo Espírito Santo e recebamos as palavras para compartilhar nossa esperança e alegria em Jesus. *EPE*

Como preparar-se para estar mais pronto a compartilhar sobre Jesus? O exemplo de Filipe o encoraja?

Deus, guia os meus passos hoje a quem precisa da esperança que somente Jesus pode conceder.

DIA **23**

DOAÇÃO ANÔNIMA

Leitura: Mateus 6:1-4

...quando ajudarem alguém necessitado, não deixem que a mão esquerda saiba o que a direita está fazendo. v.3

Quando me formei na faculdade, precisei adotar um orçamento restrito para alimentação, R$ 80,00 por semana, para ser exata. Um dia, entrando na fila do caixa, suspeitei que as minhas compras custariam ligeiramente mais do que o dinheiro que eu tinha. "Pare quando chegarmos a R$ 80,00", disse ao caixa, e consegui comprar tudo, exceto um pacote de pimentas.

Quando estava me preparando para voltar para casa, um homem parou ao lado do meu carro. "Aqui estão suas pimentas, moça", disse, entregando-me o pacote. Antes que eu pudesse agradecer, ele foi embora.

Recordar esse simples gesto de bondade ainda aquece o meu coração, e me traz à mente as palavras de Jesus em Mateus 6. Criticando os que se exibiam ao fazer doações (v.2), Jesus ensinou aos Seus discípulos um jeito diferente. Em vez de valorizar a si e à sua generosidade enquanto doavam, Ele insistiu que doar deveria ser feito tão secretamente, como se a sua mão esquerda não soubesse o que a sua mão direita estivesse fazendo (v.3)!

Como aquele ato anônimo me lembrou, doar nunca deveria se tratar de nós. Somente doamos por causa do que nosso Deus tão generosamente nos deu (2 CORÍNTIOS 9:6-11). Ao doarmos discreta e generosamente, refletimos quem Ele é — e Deus recebe a gratidão que somente Ele merece (v.11). MRB

Pai, obrigado por Tua generosidade e amor.

***Doar discreta e generosamente
reflete a bondade de Deus.***

DIA 24

PELO VALE

Leitura: Salmo 23

Mesmo quando eu andar pelo escuro vale da morte, não terei medo, pois tu estás ao meu lado... v.4

Hae Woo (nome fictício) esteve num campo de trabalhos forçados na Coreia do Norte por cruzar as fronteiras do seu país. Seus dias e noites eram uma tortura: vigilância brutal, trabalho extenuante, poucas horas de sono no chão gelado e repleto de ratos e piolhos. Mas Deus a ajudou diariamente, inclusive, mostrando-lhe com quais prisioneiras poderia fazer amizades e compartilhar sua fé.

Liberta e morando na Coreia do Sul, essa mulher refletiu sobre o tempo na prisão e afirmou que o Salmo 23 resumia a sua experiência. Embora aprisionada num vale sombrio, Jesus era o seu Pastor e lhe concedia paz: "Ainda que eu me sentisse literalmente num vale cheio de sombras de morte, eu não sentia medo. Deus me consolava todos os dias". Ela experimentou a bondade e o amor de Deus à medida que o Senhor lhe garantia que ela era Sua filha amada. "Eu estava num lugar terrível, mas sabia que ali experimentaria a bondade e o amor de Deus." Woo sabia que permaneceria na presença de Deus para sempre.

Podemos ser encorajados por esse drama. Apesar das circunstâncias terríveis, ela sentiu o amor e a direção de Deus que a sustentou e dissipou o medo que ela sentia. Se seguirmos Jesus, Ele nos guiará gentilmente pelos momentos difíceis. Não precisamos temer, pois viveremos "na casa do Senhor para sempre" (v.6). *ABP*

Você experimentou a presença de Deus no vale escuro?
Você pode encorajar alguém hoje?

Ao andarmos pelo vale, Deus dissipa o nosso medo, consola-nos e prepara-nos um banquete.

DIA 25

DOCE E AMARGO

Leitura: Salmo 119:65-72

Tu és bom e fazes somente o bem; ensina-me teus decretos. v.68

Algumas pessoas gostam de chocolate amargo, e outras preferem o doce. Os antigos Maias da América Central gostavam de beber chocolate, e o temperavam com pimenta. Gostavam dessa "água amarga", como chamavam. Muitos anos mais tarde, o chocolate foi introduzido na Espanha, mas os espanhóis o preferiram doce, então acrescentaram açúcar e mel para neutralizar o amargor natural.

Como o sabor do chocolate, os dias podem ser amargos ou doces. Um monge francês do século 17, chamado Irmão Lawrence, escreveu: "Se soubéssemos o quanto Deus nos ama, estaríamos sempre prontos a receber de Sua mão, igualmente, o doce e o amargo". Aceitar igualmente o doce e o amargo? É difícil! Sobre o que o Irmão Lawrence estava falando? A chave está nos atributos de Deus. O salmista afirmou: "Tu és bom e fazes somente o bem; ensina-me teus decretos" (v.68).

Os Maias também valorizavam o chocolate amargo por suas propriedades medicinais. Os dias amargos também têm o seu valor. Eles nos tornam cientes de nossas fraquezas e nos ajudam a depender mais de Deus. O salmista escreveu: "O sofrimento foi bom para mim, pois me ensinou a dar atenção a teus decretos" (v.71). Hoje, abracemos a vida com seus diferentes sabores — seguros da bondade de Deus. Que possamos dizer: "Muitas coisas boas me tens feito, Senhor, como prometeste" (v.65). KOH

Pai, ajuda-me a ver a Tua bondade,
mesmo em momentos de provação.

Deus é bom em todo o tempo!

DIA 26

CONSCIÊNCIA SITUACIONAL

Leitura: Filipenses 1:3-11

Oro para que o amor de vocês transborde [...] e que continuem a crescer em conhecimento e discernimento. v.9

Minha família estava em Roma para o Natal. Não me lembro de ter visto mais pessoas aglomeradas num único lugar. Enquanto andávamos pela multidão para ver o Vaticano e o Coliseu, eu enfatizava para aos meus filhos a prática da "consciência situacional" — ter atenção ao lugar onde estamos, a quem está ao nosso redor e ao que está acontecendo. Vivemos numa época em que o mundo não é um local seguro. E, com o uso de celulares e fones de ouvido, as crianças (e os adultos também) nem sempre estão atentos ao seu entorno.

Consciência situacional. É um aspecto da oração de Paulo pelos cristãos de Filipos registrado em Filipenses 1:9-11. O apóstolo desejava que eles tivessem um discernimento contínuo em relação a quem/o que/e onde em suas situações. Mas, em vez de focar na segurança pessoal, Paulo orava na esperança de que o povo santo de Deus pudesse ser bom administrador do amor recebido de Cristo, discernindo "o que é verdadeiramente importante", vivendo "de modo puro e sem culpa" e sendo cheios das boas qualidades que apenas Jesus pode produzir. Esse tipo de vida brota da consciência de que Deus é o *quem* na nossa vida, e a confiança crescente nele é *o que* lhe agrada. E toda e qualquer situação é *onde* podemos compartilhar o transbordamento do Seu grande amor.

JB

Como você pode levar o amor de Cristo nessas circunstâncias da melhor maneira?

Pai, desperta-nos para que o Teu amor possa abundar mais e mais.

DIA 27

VARANDA DE ALÍVIO

Leitura: Filipenses 4:10-20

...Sei viver na necessidade e também na fartura. Aprendi o segredo de viver em qualquer situação. v.12

Era um dia particularmente quente, e Carmine McDaniel, de 8 anos, quis ter certeza de que o carteiro ficasse bem e hidratado. Ele deixou um isopor com energéticos e garrafas de água na entrada de casa. A câmera de segurança registrou a reação do carteiro: "Água e energéticos. Obrigado, Senhor, obrigado!".

A mãe do garoto disse: "Ele acha que é seu 'dever' refrescar o carteiro, mesmo quando não estamos em casa".

Isso aquece o coração e nos lembra de que há Alguém que "supre todas as nossas necessidades" como afirmou o apóstolo Paulo. Embora estivesse definhando na prisão e incerto sobre o seu futuro, Paulo se alegrou pelos cristãos de Filipos, pois Deus tinha suprido as necessidades financeiras do apóstolo por meio do apoio deles. A igreja não era rica, mas era generosa, doando a Paulo e a outros, em sua pobreza (2 CORÍNTIOS 8:1-4). Assim como os filipenses tinham suprido as necessidades de Paulo, da mesma maneira, Deus supriu o que eles necessitavam, "por meio das riquezas gloriosas que nos foram dadas em Cristo Jesus" (FILIPENSES 4:19).

Deus tantas vezes envia a ajuda vertical, através de meios horizontais. Ou seja: Envia o que precisamos por meio da ajuda de outros. Quando confiamos a Ele nossas necessidades, aprendemos, como Paulo, o segredo da verdadeira alegria (vv.12,13). MLW

Deus pode usá-lo para suprir as necessidades de outros? Por meio de quem Ele supre as suas?

As provisões de Deus são sempre maiores do que as nossas necessidades.

DIA **28**

VENDO A LUZ

Leitura: Mateus 4:12-25

O povo que anda na escuridão verá grande luz...
Isaías 9:2

Nas ruas da cidade, um dependente químico sem-teto entrou no Abrigo Social e pediu ajuda. Logo, começou o longo caminho para a recuperação de Bruno. Durante esse processo, Bruno redescobriu o seu amor pela música. No fim, ele entrou para um grupo musical que se apresentava como "Sinfonia das Ruas", composto por músicos profissionais preocupados com os sem-teto. Pediram que Bruno fizesse um solo do oratório Messias, de Handel, conhecido como "O povo que andava em trevas". Nas palavras escritas por Isaías durante um período de trevas na história de Israel, ele cantou: "O povo que anda na escuridão verá grande luz. Para os que vivem na terra de trevas profundas, uma luz brilhará" (V.2). Um crítico musical de uma importante revista comentou que Bruno "fez o texto soar como se tivesse sido extraído de sua própria vida".

Mateus, o autor do evangelho, citou a mesma passagem. De uma vida de enganar os concidadãos israelitas, Mateus foi chamado por Jesus e descreveu como o Senhor cumpriu a profecia de Isaías ao levar Sua salvação para "além do rio Jordão" até a "Galileia, onde vivem tantos gentios" (MATEUS 4:13-15).

Quem teria acreditado que um coletor de impostos (MATEUS 9:9), um viciado como Bruno ou pessoas como nós teríamos a oportunidade de mostrar a diferença entre a luz e as trevas em nossa própria vida?   MRD

Como a luz de Cristo afeta a sua vida? De que formas você está refletindo essa luz para outras pessoas?

Deus nos ajuda a ver a luz do Seu Filho Jesus, nosso Senhor e Salvador, em meio à escuridão.

DIA **29**

O QUE QUEREMOS OUVIR

Leitura: 2 Crônicas 18:5-27

...mas eu o odeio, pois nunca profetiza nada de bom a meu respeito, só coisas ruins! v.7

Somos humanos e tendemos a buscar dados que amparem as nossas opiniões. As pesquisas demonstram que, somos duas vezes mais propensos a procurar informações que apoiem os nossos posicionamentos. Comprometidos com nossas próprias opiniões, evitamos pensar em questões colocadas por posições opostas.

Esse foi o caso do rei Acabe, de Israel. Quando ele e Josafá, rei de Judá, discutiram sobre ir ou não à guerra contra Ramote-Gileade, Acabe reuniu 400 profetas — indicados por ele e que, assim, diriam o que ele queria ouvir — para ajudá-lo a decidir. Cada um respondeu que sim, dizendo: "Deus entregará o inimigo nas mãos do rei" (v.5). Josafá perguntou se havia um profeta escolhido por Deus, por meio de quem pudessem perguntar ao Senhor. Acabe foi relutante, pois o profeta de Deus, Micaías, "nunca profetiza nada de bom a meu respeito, só coisas ruins" (v.7). De fato, Micaías indicou que não seriam vitoriosos, e que o povo seria "espalhado pelos montes" (v.16).

Lendo essa história, vejo que também tendo a evitar o conselho sábio se não for o que quero ouvir. No caso de Acabe, ouvir seus "homens sim" — 400 profetas — foi desastroso (v.34). Disponhamo-nos a buscar e ouvir a voz da verdade, as palavras de Deus na Bíblia, mesmo quando elas contrariam nossas preferências pessoais. KHH

Senhor, ajuda-me a buscar e a seguir o Teu conselho, mesmo se contrariarem os meus desejos ou o senso comum.

O conselho de Deus é confiável e sábio.

DIA 30

ORANDO À DISTÂNCIA

Leitura: Lucas 18:1-8

Dediquem-se à oração com a mente alerta e o coração agradecido. Colossenses 4:2

Kevin limpou uma lágrima do olho enquanto segurava um pedaço de papel para minha esposa, Cari, ler. Ele sabia que Cari e eu estávamos orando para que nossa filha voltasse a confiar em Jesus. "Essa nota foi encontrada na Bíblia da minha mãe após a morte dela, e eu espero que isso o encoraje", disse ele. No topo da nota estavam as palavras: "Para meu filho, Kevin". Abaixo delas havia uma oração por sua salvação.

"Carrego isso comigo em minha própria Bíblia hoje", explicou Kevin. "Minha mãe orou por minha salvação por mais de 35 anos. Eu estava longe de Deus, e agora sou cristão." Ele olhou atentamente para nós e sorriu entre as lágrimas: "Nunca desista de orar por sua filha. Ore em todo o tempo por ela".

Suas palavras de encorajamento me fizeram pensar na história que Jesus contou sobre a oração. Lucas começa com as palavras: "Jesus contou a seus discípulos uma parábola para mostrar-lhes que deviam *orar sempre e nunca desanimar*" (LUCAS 18:1).

Na história, Jesus contrasta um juiz injusto (v.6) que responde a um pedido simplesmente porque ele não quer mais ser incomodado, com o perfeito Pai celestial que se importa profundamente conosco e *deseja* que nos aproximemos dele. Somos encorajados sempre que oramos, pois sabemos que Deus ouve e acolhe as nossas orações. *JBB*

Pai, nenhum pedido é grande ou pequeno demais para ti.
Ajuda-me a orar por quem ainda não te conhece!

Você ora com constância para que alguém em particular alcance a salvação em Jesus?

DIA **31**

JOGO LIMPO

Leitura: Tito 2:7,8,11-14

Você mesmo deve ser exemplo da prática de boas obras... v.7

Quando o corredor Ashley Liew se viu muito à frente do grupo na maratona dos Jogos do Sudeste Asiático, ele percebeu que havia algo estranho. Notou que os líderes da corrida tinham feito uma curva errada e ficado para trás. Liew poderia tirar vantagem do erro deles, mas um forte senso desportivo lhe disse que não seria uma vitória genuína. Queria vencer por ser mais rápido, não pelo erro alheio. Respeitando as suas convicções, diminuiu o passo e deixou que se aproximassem.

Ao final, Liew perdeu a corrida e a medalha. Mas venceu no coração dos conterrâneos e recebeu um prêmio internacional por *fair play*. Demonstrou a sua fé como cristão, embora alguns devem ter questionado: "Por que ele fez aquilo?".

O que Liew fez me desafia a compartilhar a minha fé através de minhas ações. Pequenos atos de consideração, bondade e perdão podem glorificar a Deus. Como Paulo nos desafia: "Tudo que fizer deve refletir a integridade e a seriedade de seu ensino" (vv.7,8).

Nossas ações positivas com relação aos outros podem mostrar ao mundo que somos capazes de viver de modo diferente, visto que o Espírito Santo age em nós. Ele nos dará a graça para rejeitar paixões mundanas e erradas, e para vivermos de maneira que direcione as pessoas a Deus (vv.11,12). LK

Pai, que o nosso agir motive os outros a questionarem por que somos diferentes. Ajuda-nos a seguir a condução do Teu Espírito ao explicarmos a esperança que há em nós.

Viva de modo a encorajar que os outros reconheçam a necessidade de conhecer Jesus.

DIA **32**

PEQUENO, MAS SIGNIFICATIVO

Leitura: 2 Coríntios 1:8-11

Nele depositamos nossa esperança, e ele continuará a nos livrar. E vocês nos têm ajudado ao orar por nós. vv.10,11

O **dia começou como** qualquer outro, mas terminou como um pesadelo. Ester e centenas de mulheres foram sequestradas de seu colégio interno por um grupo religioso militante. Um mês depois, todas foram libertas, exceto Ester, que se recusara a negar a Cristo. Quando meu amigo e eu lemos sobre ela e os perseguidos por sua fé, isso comoveu o nosso coração. Queríamos fazer algo. Mas o *quê*?

Ao escrever para a igreja de Corinto, o apóstolo Paulo compartilhou sobre o que experimentou na Ásia. A perseguição foi tão severa que ele e seus companheiros pensaram que não sobreviveriam (v.8). No entanto, as orações dos cristãos o ajudaram (v.11). Embora a igreja de Corinto estivesse muito distante do apóstolo, suas orações eram importantes e Deus as ouvia. Que incrível mistério: o Soberano escolheu usar as nossas orações para cumprir o Seu propósito. Que privilégio!

Hoje podemos continuar a lembrar de nossos irmãos em Cristo que sofrem por sua fé. Há algo que podemos fazer. Podemos orar por aqueles que são marginalizados, oprimidos, espancados, torturados e às vezes até mortos por sua fé em Cristo. Vamos orar para que eles experimentem o conforto e o encorajamento de Deus e sejam fortalecidos com esperança enquanto permanecem firmes com Jesus. *PFC*

Por quem você pode se comprometer a orar nominalmente esta semana? Você experimentou a fidelidade de Deus durante um período de perseguição?

Na oração, lançamo-nos aos pés do soberano Deus.

DIA **33**

A COROA DO REI

Leitura: Mateus 27:27-31

Tiraram as roupas de Jesus e [...]. Teceram uma coroa de espinhos e a colocaram em sua cabeça...
vv.28,29

Sentados ao redor da mesa, cada pessoa adicionou um palito de dente no disco de espuma à nossa frente. Nas semanas que antecedem a Páscoa, na hora do jantar, fazemos uma coroa de espinhos — cada palito significava algo que tínhamos feito durante o dia, que lamentávamos e pelo qual Cristo já pagou o preço. Noite após noite, o exercício nos fez perceber através de nossos malfeitos, como éramos culpados e precisávamos de um Salvador. E como Jesus nos libertou através de Sua morte na cruz.

A coroa de espinhos que Jesus foi obrigado a usar era parte de um jogo cruel que os soldados romanos fizeram antes de Sua crucificação. Vestiram-no com um manto vermelho e lhe deram um caniço, como se fosse o cetro de um rei, que depois foi usado para espancá-lo. Eles zombaram dele, chamando-o de "rei dos judeus" (v.29), sem se dar conta de que essas ações seriam relembradas milhares de anos mais tarde. Não era um rei comum. Ele era o Rei dos reis, cuja morte, seguida por Sua ressurreição, concede-nos a vida eterna.

Na manhã da Páscoa, celebramos o presente do perdão e da nova vida, substituindo os palitos por flores. Que alegria sentimos, sabendo que Deus já apagou os nossos pecados dando-nos a liberdade e a vida eterna em Cristo! *ABP*

Senhor Jesus Cristo, meu coração dói ao pensar em toda dor e sofrimento que enfrentaste por mim.
Obrigado pelo Teu presente de amor que me liberta.

**A coroa de espinhos de Cristo
se tornou uma coroa de vida para nós.**

DIA **34**

O CAIS DA SAUDADE

Leitura: Deuteronômio 34:1–5

...permiti que você a visse com seus próprios olhos, mas você não atravessará o rio para entrar nela. v.4

"Ah, todo o cais é uma saudade de pedra!", diz Fernando Pessoa no poema "Ode Marítima". O píer de Pessoa representa as emoções que sentimos quando um navio se afasta lentamente. Ele parte e o píer permanece, um monumento duradouro às esperanças e sonhos, despedidas e anseios. Desejamos o que está perdido e o que não conseguimos alcançar. O poeta descreve o indescritível. A palavra "saudade" refere-se a um anseio nostálgico que sentimos, uma dor profunda que desafia o seu significado.

Talvez o monte Nebo representasse o "cais" para Moisés. Dali, ele contemplou a Terra Prometida, na qual nunca pisaria. Deus disse a Moisés: "permiti que você a visse com seus próprios olhos, mas você não atravessará o rio para entrar nela" (v.4). Isso pode parecer cruel. Mas, se é tudo que vemos, perdemos a essência do que está acontecendo. Deus está consolando Moisés: "Esta é a terra que prometi sob juramento a Abraão, Isaque e Jacó, quando disse: 'Eu a darei a seus descendentes'" (v.4). Breve Moisés deixaria o Nebo para uma terra muito melhor do que Canaã (v.5).

A vida muitas vezes nos encontra no cais. Os queridos partem; as esperanças desaparecem; sonhos morrem. Nisso, sentimos ecos do Éden e indícios do Céu. Nossos anseios nos levam a Deus, que é o cumprimento pelo qual ansiamos. *TLG*

Quais são os seus anseios? Você os satisfaz com opções erradas? Como encontrar a verdadeira satisfação somente em Deus?

A coisa mais doce de toda a minha vida é o desejo de alcançar a Montanha para encontrar o lugar de onde veio toda a beleza. C. S. LEWIS

DIA **35**

OLHE E SILENCIE

Leitura: Lucas 23:44-49

...Olhem ao redor e vejam se há dor igual à minha...
Lamentações 1:12

Na música "*Mirenlo alli*" (Vejam-no ali), o compositor mexicano Ruben Sotelo descreve Jesus na cruz e nos convida a olhar e silenciar, porque não há nada a dizer perante o amor que Ele demonstrou. Pela fé, podemos imaginar a cena descrita nos evangelhos: a cruz e o sangue, os pregos e a dor.

Quando Jesus deu o último suspiro, "...a multidão que tinha ido assistir à crucificação viu isso, voltou para casa entristecida e batendo no peito" (v.48). Outros "olhavam de longe" (v.49). Olharam e ficaram em silêncio. Apenas um centurião falou: "Sem dúvida este homem era inocente" (v.47).

Muitas canções e poemas foram escritos para descrever tão grande amor. Muitos anos antes, Jeremias descreveu a dor de Jerusalém depois da devastação. "Olhem ao redor e vejam se há dor igual à minha?" (LAMENTAÇÕES 1:12). Pedia ao povo para olhar e ver; e achava que não havia sofrimento maior do que o de Jerusalém. Entretanto, houve sofrimento como o de Jesus?

Todos nós estamos passando pela estrada da cruz. Olharemos e veremos o Seu amor? Quando palavras e canções não são suficientes para expressar a gratidão e descrever o amor de Deus, paremos um pouco para pensar na morte de Jesus; e na quietude de nosso coração. Sussurremos a Ele nossa mais profunda devoção. KOH

Querido Jesus, quando olho para a Tua cruz,
não tenho palavras para expressar
minha gratidão por Teu perfeito sacrifício.

Olhe para a cruz e adore a Jesus.
Agradeça-lhe por Seu amor.

DIA 36

DEUS SALVOU MINHA VIDA

Leitura: João 8:42-47

Quando ele mente, age de acordo com seu caráter, pois é mentiroso e pai da mentira. v.44

Aos 15 anos, Arão começou a invocar a Satanás e relatou: "Senti como se nós fôssemos parceiros". O jovem começou a mentir, roubar e manipular sua família e amigos. Ele também teve pesadelos: "Certa manhã acordei e vi o diabo ao pé da cama, e ele me disse que eu passaria nas provas escolares e depois morreria. No entanto, quando terminei meus exames, continuei vivo". E concluiu: "Ficou claro para mim que ele era um mentiroso".

Na esperança de conhecer garotas, Arão foi a um festival cristão, no qual um homem se ofereceu para orar por ele. "Enquanto esse homem orava, senti uma sensação de paz inundar meu corpo. Era algo mais poderoso e mais libertador do que os meus sentimentos ao invocar Satanás". O homem que orou disse-lhe que Deus tinha um plano e que Satanás era mentiroso. Ele também confirmou o que Jesus dissera sobre Satanás ao responder aos Seus opositores: ele "é mentiroso e pai da mentira" (v.44).

Arão saiu do satanismo e voltou-se para Cristo e hoje "pertence a Deus" (v.47). Ele serve o Senhor em uma comunidade urbana e compartilha a diferença que faz seguir o Mestre Jesus. É um testemunho do poder salvador de Deus: "Posso dizer com confiança que Deus salvou minha vida".

Deus é a fonte de tudo o que é bom, sagrado e verdadeiro. Podemos nos voltar a Ele para encontrar a verdade. *ABP*

Deus já o resgatou do mal? Com quem você pode compartilhar sua história nesta semana?

Deus é mais poderoso do que o pai da mentira.

DIA **37**

APRENDER A CONHECER A DEUS

Leitura: João 6:16-21

**...mas ele lhes disse: "Sou eu!
Não tenham medo.** v.20

A té onde me lembro, sempre quis ser mãe. Sonhava em casar, ficar grávida e segurar o meu bebê pela primeira vez. Quando casei, meu marido e eu nunca pensamos em esperar para aumentar a família. Mas, a cada teste de gravidez negativo, percebíamos que estávamos lidando com a infertilidade. Foram meses de consultas, exames e lágrimas. Estávamos no meio de uma tempestade. A infertilidade era uma pílula amarga para engolir e me fez questionar a bondade e a fidelidade de Deus.

Quando reflito sobre a nossa jornada, penso na história dos discípulos surpreendidos pela tempestade no mar (JOÃO 6). Enquanto eles lutavam contra as ondas na escuridão, Jesus inesperadamente veio até eles, andando sobre as águas revoltas. Ele os acalmou com a Sua presença, dizendo: "Sou eu! Não tenham medo" (v.20)!

Como os discípulos, meu marido e eu não tínhamos ideia do que viria em nossa tempestade, mas encontramos conforto ao aprendermos a conhecer mais profundamente a Deus como Aquele, que é sempre fiel e verdadeiro. Embora não tenhamos o filho com o qual sonháramos, aprendemos que em todas as nossas lutas, podemos experimentar o poder da serena presença de Deus. Ele está agindo poderosamente em nossa vida e não precisamos ficar ansiosos. KAW

*Senhor, obrigado por não ter que enfrentar
as tempestades desta vida sem a Tua presença. Obrigado
por Teu poder que me conduz diante dos desafios.*

**Podemos sentir a poderosa presença de Deus
até mesmo nas tempestades da nossa vida.**

DIA 38

A CAMA VAZIA

Leitura: Mateus 28:16-20

Portanto, vão e façam discípulos de todas as nações. v.19

Eu estava ansioso para voltar ao hospital na Jamaica, e me reconectar com Renato, que dois anos antes havia aprendido sobre o amor de Jesus. Eva, uma adolescente do coral da escola com o qual viajo anualmente, leu as Escrituras com esse senhor, explicou-lhe o evangelho e ele aceitou Jesus como seu Salvador.

Ao visitar a seção masculina da casa, olhei para a cama dele, que estava vazia. Fui até a enfermaria e me disseram o que eu não queria ouvir. Ele falecera apenas cinco dias antes de chegarmos.

Com lágrimas, mandei a triste notícia para Eva. Sua resposta foi simples: "Ele está celebrando com Jesus". Mais tarde, ela disse: "Que bom que lhe falamos de Jesus na época que o fizemos".

Suas palavras me lembraram da importância de estar pronto para compartilhar amorosamente com os outros a esperança que temos em Cristo. Não, nem sempre é fácil proclamar a mensagem do evangelho sobre Aquele que sempre estará conosco (v.20), mas, quando pensamos sobre a diferença que essa mensagem fez para nós e para pessoas como Renato, talvez nos sintamos mais encorajados e prontos para fazer discípulos onde quer que formos (v.19).

Jamais esquecerei a tristeza de ver aquela cama vazia e também a alegria de saber que diferença uma adolescente fiel fez na vida eterna daquele senhor. *JDB*

Como você pode apresentar Jesus às pessoas hoje? A paz que você encontra em Cristo o encoraja a compartilhar sua fé, e lhe dá a certeza de que Jesus está "sempre contigo"?

**Deus, sabemos que todos precisam de ti.
Ajuda-nos a anunciar aos outros sobre a Tua salvação.**

DIA **39**

A ARTE DO PERDÃO

Leitura: Lucas 15:11-24

...ele ainda estava longe, seu pai o viu. Cheio de compaixão, correu para o filho, o abraçou e o beijou. v.20

Certa tarde, passei duas horas em uma exposição de arte — *O Pai & Seus Dois Filhos: A Arte do Perdão* — na qual todas as peças eram focadas na parábola de Jesus sobre o filho pródigo (vv.11-32). Achei a pintura de Edward Rioja, *O Filho Pródigo*, particularmente forte. Ela retrata o filho, antes rebelde, voltando para casa, usando trapos e andando cabisbaixo. Deixando atrás de si a rebelião e morte, ele entra por um caminho, onde o pai corre em sua direção. No rodapé da pintura, estão as palavras de Jesus: "Quando ele ainda estava longe, seu pai o viu. Cheio de compaixão, correu para o filho, o abraçou e o beijou" (v.20).

Fiquei profundamente tocado ao perceber mais uma vez como o imutável amor de Deus alterou a minha vida. Quando eu andava longe, Ele não me deu as costas, mas ficou vigiando, observando e esperando. Seu amor é imerecido, mas ainda assim, imutável; frequentemente ignorado, ainda assim, nunca retirado.

Todos somos culpados, ainda assim, nosso Pai celestial estende as Suas mãos para nos receber, como o pai nessa história abraça o seu filho rebelde. "Faremos um banquete e celebraremos", disse aos servos, "pois este meu filho estava morto e voltou à vida. Estava perdido e foi achado" (vv.23,24)!

Hoje, o Senhor ainda se alegra por aqueles que voltam para Ele — e isso vale a comemoração! DCM

Pai, ao recebermos o Teu amor e perdão,
que possamos estendê-los aos outros em Teu nome.

O amor de Deus por nós é imerecido,
e também imutável.

DIA **40**

ENCONTRANDO O TESOURO

Leitura: Mateus 13:44-46

O reino dos céus é como um tesouro escondido que um homem descobriu num campo. v.44

João e Maria andavam com seu cachorro em sua propriedade quando tropeçaram numa lata enferrujada parcialmente desenterrada pelas recentes chuvas. Abriram a lata e descobriram ali moedas de ouro com mais de um século! O casal voltou ao local e achou mais sete latas com 1.427 moedas no total. Eles protegeram o seu tesouro, enterrando-o em outro lugar.

As moedas avaliadas em US$ 10 milhões são a maior descoberta do gênero na história dos EUA. Lembra-nos de uma parábola de Jesus: "O reino dos céus é como um tesouro escondido que um homem descobriu num campo. Em seu entusiasmo, ele o escondeu novamente, vendeu tudo que tinha e, [...] comprou aquele campo" (v.44).

Contos de tesouros enterrados capturaram a imaginação durante séculos, embora tais descobertas raramente aconteçam. Mas Jesus fala de um tesouro acessível a todos os que confessam seus pecados, o recebem e o seguem (JOÃO 1:12).

Nunca chegaremos ao fim desse tesouro. Quando abandonamos nossa vida antiga e buscamos a Deus e Seus propósitos, encontramos Seu valor. Por meio "da riqueza insuperável de sua graça, revelada na bondade que ele demonstrou por nós em Cristo Jesus" (EFÉSIOS 2:7), Deus nos oferece um tesouro além da imaginação, nova vida como Seus filhos e filhas, novo propósito na Terra e a alegria incompreensível da eternidade com Ele. *JBB*

Você valoriza o seu relacionamento com Deus?
Como compartilhar esse tesouro?

Jesus, louvo-te por dares Tua vida por mim na cruz, pois nela encontrei perdão e nova vida em ti.

DIA **41**

O SEGREDO DA PAZ

Leitura: 2 Tessalonicenses 3:16-18

Que o próprio Senhor da paz lhes dê paz em todos os momentos e situações. v.16

Graça é uma senhora especial. Quando penso nela, uma palavra me vem à mente: paz. A expressão tranquila e serena em seu rosto, raramente mudou nesses seis meses desde que a conheço, mesmo quando o seu marido foi diagnosticado com uma doença rara, e em seguida, hospitalizado.

Quando perguntei a Graça o segredo de sua paz, ela respondeu: "Não é um segredo, é uma pessoa. É a presença de Jesus em mim. Não há outra maneira de explicar a tranquilidade que sinto em meio a essa tempestade".

O segredo da paz é o nosso relacionamento com Jesus Cristo. Ele é a nossa paz. Quando Jesus é o nosso Salvador e Senhor, à medida que nos tornamos mais semelhantes a Ele, a paz se torna real. Coisas como doenças, dificuldades financeiras ou perigos, podem estar presentes, mas a paz nos assegura de que Deus tem a nossa vida em Suas mãos (DANIEL 5:23), e que podemos confiar que tudo trabalhará conjuntamente para o bem.

Experimentamos essa paz que vai além da lógica e do entendimento? Temos a certeza íntima de que Deus está no controle? Meu desejo hoje para todos nós ecoa as palavras do apóstolo Paulo: "Que o próprio Senhor da paz lhes dê paz em todos os momentos e situações". E que sintamos essa paz "...em todos os momentos e situações" (2 TESSALONICENSES 3:16). *KOH*

Querido Senhor, por favor, concede-nos a Tua paz em todo o tempo e em todas as circunstâncias.

Confiar em Jesus é desfrutar da paz que excede todo o entendimento.

DIA **42**

A ORAÇÃO DE ANA

Leitura: Efésios 6:16-20

...que sejam feitas petições, orações, intercessões e ações de graça em favor de todos. 1 Timóteo 2:1

Quando **Ana** estava no segundo ano do Ensino Médio, ela e sua mãe ouviram a notícia sobre um jovem gravemente ferido num acidente de avião que levara a vida de seus pais. Embora não o conhecessem, a mãe de Ana disse: "Precisamos orar por ele e sua família". E assim o fizeram.

Anos mais tarde, quando Ana frequentava a universidade, um colega de classe ofereceu-lhe o assento ao seu lado. Ele era o rapaz acidentado por quem Ana tinha orado anos antes. Começaram a namorar e casaram-se em 2018.

"É uma loucura pensar que eu estava orando pelo meu futuro marido", disse Ana em uma entrevista pouco antes de se casarem. Pode ser fácil limitarmos nossas orações às nossas próprias necessidades pessoais e às pessoas mais próximas a nós, sem investir nosso tempo para orar pelos outros. No entanto, Paulo, escrevendo aos cristãos em Éfeso, disse-lhes: "Orem no Espírito em todos os momentos e ocasiões. Permaneçam atentos e sejam persistentes em suas orações por todo o povo santo" (EFÉSIOS 6:18). E 1 Timóteo 2:1 nos diz para orar "em favor de todos", incluindo autoridades.

Oremos pelos outros, até por pessoas que não conhecemos. É uma das maneiras pelas quais podemos "levar os fardos uns dos outros" (GÁLATAS 6:2). *JDB*

Quais são as pessoas — algumas que você nem conhece pessoalmente — que precisam de suas orações hoje? Você pode arranjar tempo para conversar com Deus sobre as necessidades deles?

Jesus, abre meus olhos para as necessidades dos que estão ao meu redor, mesmo que eu não os conheça.

DIA 43

LUGAR DE ESPERA

Leitura: Salmo 70

Aquiete-se na presença do SENHOR espere nele com paciência... Salmo 37:7

"Esperar o peixe fisgar, ou esperar o vento a pipa levantar. Ou esperar a noite de sexta-feira... Todos estão só esperando" — ou algo assim, diz o Dr. Seuss, autor de muitos livros infantis.

A vida é feita de esperas, porém Deus nunca está com pressa — ou assim parece. "Deus tem Seu tempo e hora", sugere um antigo ditado. Então esperamos.

Esperar é difícil. Torcemos os dedos, batemos os pés, sufocamos bocejos, damos longos suspiros e lidamos interiormente com a frustração. Por que tenho que viver com essa pessoa esquisita, esse emprego chato, essa conduta constrangedora, esse problema de saúde que não passa? Por que Deus não faz algo?

Eu farei".

Aprender a esperar é um dos melhores ensinamentos da vida. Aprendemos a virtude de esperar enquanto Deus age em nós e por nós. É na espera que desenvolvemos perseverança. Esperando desenvolvemos a habilidade de confiar no amor e bondade de Deus, até mesmo quando as coisas não estão acontecendo do nosso jeito (v.5).

Entretanto, esperar não é uma renúncia melancólica e rancorosa. Podemos nos alegrar no Senhor enquanto esperamos (v.4). Mantemo-nos esperançosos sabendo que Deus nos livrará no devido tempo — neste mundo ou no próximo. Deus nunca está com pressa e Ele é sempre pontual. DHR

Senhor, sou grato por Tua amorosa presença.
Ajuda-nos a aproveitar ao máximo o
tempo de espera, confiando em ti e servindo-te.

Deus está conosco enquanto aguardamos por Seu agir.

DIA 44

APENAS UM MENINO CIGANO

Leitura: 1 Pedro 2:4-10

Vocês, porém, são povo escolhido, reino de sacerdotes, nação santa, propriedade exclusiva de Deus. v.9

"**É** apenas um cigano", alguém sussurrou com desdém quando Rodney Smith foi à frente para receber Cristo como Salvador ao final de um culto em 1877. Ninguém dava valor a esse filho de ciganos sem instrução. Porém, Smith não os ouviu. Ele tinha certeza de que Deus tinha um propósito para sua vida e, por isso, comprou para si uma Bíblia e um dicionário e aprendeu sozinho a ler e escrever. Smith afirmou: "O caminho para Jesus não é o de Cambridge, Harvard, Yale ou o dos poetas. É o monte chamado Calvário". Contrariando todas as expectativas, Smith se tornou o evangelista que Deus usou para trazer muitos para Jesus no Reino Unido e nos EUA.

Pedro também era um homem simples, sem "instrução religiosa formal" nas escolas religiosas rabínicas (ATOS 4:13). Era pescador quando Jesus o chamou com duas simples palavras: Siga-me (MATEUS 4:19). No entanto, o mesmo Pedro, apesar de sua educação e dos fracassos que experimentou ao longo do caminho, afirmou mais tarde que aqueles que seguem a Jesus são "povo escolhido, reino de sacerdotes, nação santa, propriedade exclusiva de Deus" (1 PEDRO 2:9).

Por meio de Jesus Cristo, todas as pessoas, seja qual for sua educação, instrução, criação, gênero ou etnia, podem fazer parte da família de Deus e serem usadas por Ele. Tornar-se "propriedade exclusiva" de Deus é para todos os que creem em Jesus. *EPE*

Você se sente encorajado pelo fato de Deus poder usá-lo para Sua honra?

Deus, agradeço-te por minha identidade estar fundamentada em ti.

DIA **45**

AMNÉSIA

Leitura: Daniel 4:28-37

...Minha sanidade voltou, louvei e adorei o Altíssimo... v.34

O Serviço de Emergência resgatou uma mulher com sotaque australiano, que não se lembrava de quem era. Estava sofrendo de amnésia e não portava qualquer documento de identidade, por isso não soube informar seu nome nem de onde viera. Foi preciso a ajuda de médicos e da mídia internacional para recuperar sua saúde, contar sua história e reuni-la com sua família.

Nabucodonosor, rei da Babilônia, também perdeu a noção de quem ele era e de onde tinha vindo. Entretanto, sua "amnésia" foi espiritual. Assumindo o crédito pelo reinado que lhe fora dado, esqueceu-se de que Deus é o Rei dos reis, e de que tudo o que tinha viera do Senhor (vv.17,28-30).

Deus alterou o estado mental do rei, levando-o a viver com animais selvagens e a pastar como os bois nos campos (vv.32,33). Por fim, após 7 anos, Nabucodonosor olhou para o céu e a lembrança de quem era, e de quem lhe tinha dado seu reino, retornou. Com os sentidos restaurados, declarou: "...eu, Nabucodonosor, olhei para o céu [...] adorei o Altíssimo e honrei aquele que vive para sempre..." (v.37).

E nós? Quem nós achamos que somos? De onde viemos? Como somos inclinados a esquecer com quem podemos contar para nos ajudar a lembrar além do Rei dos reis? MRD

*Pai, somos tão propensos a nos esquecermos
de quem somos, de onde viemos e de que pertencemos a ti.
Ajuda-nos a lembrar de que, em Cristo,
somos Teus filhos – por ti conhecidos, amados, capacitados
e cuidados – agora e para sempre.*

Deus nos lembra de que em Cristo somos Seus filhos.

DIA 46

PELAS CORREDEIRAS

Leitura: Isaías 43:1-7

Quando passar por águas profundas, estarei a seu lado. Quando atravessar rios, não se afogará... v.2

O guia do *rafting* acompanhou o nosso grupo até à beira do rio e nos orientou a colocar os salva-vidas e pegar os remos. Conforme entrávamos no barco, indicava-nos os lugares, equilibrando o peso para dar estabilidade quando chegássemos às corredeiras. Depois de ressaltar as emoções que nos aguardavam no percurso, detalhou uma série de orientações que poderiam ser dadas e que deveríamos seguir, para conduzir o barco adequadamente. E nos garantiu que, mesmo que houvesse momentos difíceis no percurso, nossa viagem seria emocionante e segura.

Às vezes a vida parece um *rafting* com mais corredeiras do que gostaríamos. A promessa de Deus a Israel, através do profeta Isaías, pode guiar os nossos sentimentos quando tememos que o pior esteja acontecendo: "Quando passar por águas profundas, [...] atravessar rios, não se afogará" (v.2). Quando foram para o exílio como consequência de seu pecado, os israelitas enfrentaram um medo opressivo de terem sido rejeitados por Deus. Ainda assim, ao invés disso, o Senhor os assegura e promete estar com eles porque os ama (vv.2,4).

Deus não nos abandonará nas águas revoltas. Podemos confiar nele para nos orientar através das corredeiras, de nossos medos e dos problemas mais profundos e dolorosos, porque Ele também nos ama e promete estar conosco. *KHH*

Pai, obrigado por estares ao meu lado
em águas tempestuosas. Quero confiar em ti,
quando a jornada for assustadora.

Deus nos conduz quando enfrentamos momentos difíceis.

DIA 47

COMUNICAÇÃO CLARA

Leitura: Romanos 8:8-27

E o Espírito nos ajuda [...] orar segundo a vontade de Deus, [...] o próprio Espírito intercede por nós... v.26

Viajando pela Ásia, meu iPad (com material de leitura e documentos de trabalho) "morreu" repentinamente; uma condição descrita como "a tela preta da morte". Busquei ajuda numa loja de informática e tive outro problema. Não falava a língua daquele país e o técnico da loja não falava inglês. A solução? Ele pegou um software no qual ele digitava em sua língua e eu lia em inglês. O processo se invertia quando eu escrevia em inglês e ele lia na língua dele. Pudemos nos comunicar claramente, mesmo em diferentes idiomas.

Às vezes, sinto que não consigo me comunicar e expressar-me quando oro ao meu Pai celestial — e não estou sozinho nisso. Às vezes lutamos com a oração. Mas o apóstolo Paulo escreveu: "E o Espírito nos ajuda em nossa fraqueza, pois não sabemos orar segundo a vontade de Deus, mas o próprio Espírito intercede por nós com gemidos que não podem ser expressos em palavras. E o Pai, que conhece cada coração, sabe quais são as intenções do Espírito, pois o Espírito intercede por nós, o povo santo, segundo a vontade de Deus" (ROMANOS 8:26,27).

Quão incrível é o dom do Espírito Santo! Melhor do que qualquer programa de computador, Ele comunica claramente os meus pensamentos e desejos em harmonia com os propósitos do Pai. A ação do Espírito faz a oração "funcionar"! *WEC*

Quais desafios você experimentou em sua vida de oração?
Como se apoiar no Espírito Santo
ao procurar orar mais apaixonadamente a Deus?

Pai, agradeço-te por Teu Espírito e pelo privilégio da oração. Confio em ti quando não sei como orar.

DIA **48**

OUTRO OLHAR PARA JESUS!

Leitura: Hebreus 3:1-6

...nós somos a casa de Deus, se nos mantivermos corajosos e firmes em nossa esperança gloriosa. v.6

Se houve uma pessoa fiel, foi o irmão Justino. Ele era comprometido com o seu casamento, dedicado ao seu trabalho nos correios, e todos os domingos estava em seu posto como líder em nossa igreja local. Recentemente visitei a igreja de minha infância, e, acima do piano, estava o sino que ele tocava para avisar que o tempo do estudo bíblico estava acabando. O sino resistiu ao teste do tempo. E, embora esse irmão já esteja com o Senhor há anos, seu legado de fidelidade ainda resiste.

Hebreus 3 traz à atenção dos leitores um servo e Filho fiel. Embora seja inegável a fidelidade de Moisés como "servo" de Deus, é em Jesus que somos ensinados a nos concentrar. "Portanto, irmãos santos [...] considerem atentamente a Jesus, que declaramos ser Apóstolo e Sumo Sacerdote" (v.1). Esse era o encorajamento a todos os que enfrentavam tentação (2:18). Seu legado somente poderia vir de seguir a Jesus, o Único fiel.

O que você faz quando os ventos da tentação sopram ao seu redor? Quando está cansado, desgastado e quer desistir? O texto nos convida a considerar atentamente a Jesus. Olhe novamente para Ele — e de novo, e de novo. Quando reexaminamos Jesus, descobrimos o quanto podemos confiar no Filho de Deus, que nos encoraja a viver em Sua família. *ALJ*

Pai, através do Teu Espírito, capacita-nos para amarmos, honrarmos e seguirmos o Senhor Jesus Cristo corajosamente.

Olhar para Jesus nos dá coragem para enfrentarmos os desafios da nossa vida.

DIA **49**

PALAVRAS QUE FEREM

Leitura: 1 Samuel 1:1-8

Os comentários de algumas pessoas ferem, mas as palavras dos sábios trazem cura. Provérbios 12:18

"**M**agrela", provocou o menino. "Vareta", emendou outro. Em resposta, eu poderia ter respondido "o que vem de baixo não me atinge". Mas, mesmo sendo uma garotinha, eu sabia que não era bem assim. As palavras cruéis e impensadas doíam, às vezes doíam demais, deixando ferimentos que iam mais fundo e duravam muito mais tempo do que o vergão causado por uma pedra ou pedaço de pau.

Ana certamente conhecia a dor das palavras impensadas. Seu marido Elcana a amava, embora ela não tivesse filhos, e a segunda esposa dele, Penina, tivesse muitos. Nessa cultura em que o valor da mulher era muitas vezes baseado no fato de ter filhos, Penina aumentava a dor de Ana ao "provocá-la" continuamente por ainda não ter filhos. Ela agiu assim até Ana chorar e deixar de comer (1 SAMUEL 1:6,7).

As intenções de Elcana eram provavelmente boas, mas a sua pergunta impensada: "Ana, por que você chora? [...] Será que não sou melhor para você do que dez filhos?" (v.8), ainda era dolorosa.

Como Ana, nós também sofremos quando ouvimos palavras que nos ofendem. E talvez até reagimos às nossas dores atacando e ferindo os outros com as nossas palavras. Mas todos nós podemos recorrer ao nosso Deus amoroso e compassivo em busca de força e cura (SALMO 27:5,12-14). O Senhor nos recebe com palavras de amor e graça. ADK

Você foi ferido por palavras indelicadas?
O que o ajudou a curar-se?
Quem precisa ouvir as suas palavras de graça?

Senhor, obrigado pela cura e esperança que há em ti!
Concede-nos sabedoria antes de falarmos.

DIA **50**

ROMPENDO CORRENTES

Leitura: Efésios 1:3-14

Ele é tão rico em graça que comprou nossa liberdade com o sangue de seu Filho e perdoou nossos pecados. v.7

Nossa visita à Catedral *Christ Church*, na Cidade de Pedra, em Zamzibar, foi profundamente tocante, pois ela fica em um lugar onde antes ficava o maior mercado de escravos da África Oriental. Os arquitetos dessa catedral queriam mostrar, através de um símbolo físico, como o evangelho rompe as correntes da escravidão. O lugar não seria mais um espaço de obras malignas e terríveis atrocidades, mas da graça encarnada de Deus.

Os que construíram a catedral queriam expressar como a morte de Jesus na cruz concede a liberdade do pecado — a liberdade da qual o apóstolo Paulo fala em sua carta à igreja em Éfeso: nele temos a "liberdade com o sangue de seu Filho" (v.7). Nessa passagem, a palavra liberdade alude à noção de mercado do Antigo Testamento, com alguém comprando de volta uma pessoa ou coisa. Jesus compra de volta uma pessoa da vida de escravidão ao pecado e do erro.

Nas palavras de abertura dessa carta (vv.3-14), Paulo transborda de alegria ao pensar em sua liberdade em Cristo. Em diversas demonstrações de louvor, Paulo destaca a ação da graça de Deus por nós por meio da morte de Jesus, que nos liberta dos grilhões do pecado. Não precisamos mais ser escravos do pecado, pois fomos libertos para viver para Deus e Sua glória. *ABP*

Senhor Deus, pela morte de Teu Filho deste-nos a vida eterna. Ajuda-me a compartilhar esse presente da Tua graça com alguém hoje.

Jesus nos resgata da escravidão do pecado.

DIA 51

SALVANDO VILÕES

Leitura: Daniel 3:26-30

Louvado seja o Deus de Sadraque, Mesaque e Abede-Nego! Ele enviou seu anjo para livrar seus servos... v.28

Os **super-heróis** dos quadrinhos são mais populares do que nunca. Em 2017, seis filmes com esse enfoque contabilizaram mais de 4 bilhões de dólares em bilheterias. Por que esses filmes atraem tantos? Talvez porque essas histórias se assemelhem à grande história de Deus. Há o herói, o vilão, o povo necessitado de resgate e muita ação fascinante.

Na história divina, Satanás é o maior vilão, o inimigo de nossa alma. Mas há outros "pequenos" vilões. Em Daniel, Nabucodonosor é um exemplo. Ele era o rei de grande parte do mundo e decidiu matar qualquer um que não adorasse a sua estátua gigante (vv.1-6). Quando três corajosos oficiais judeus se recusaram (vv.12-18), Deus os salvou dramaticamente de uma fornalha ardente (vv.24-27).

Entretanto, numa reviravolta surpreendente, vemos o coração desse vilão começar a mudar. Em resposta a esse acontecimento espetacular, Nabucodonosor disse: "Louvado seja o Deus de Sadraque, Mesaque e Abede-Nego" (v.28).

No entanto, ele ameaçara matar quem desafiasse a Deus (v.29), pois ainda não entendia que o Senhor não precisava de sua ajuda. Esse rei aprenderia mais sobre Deus no capítulo 4, mas isso é outra história. Nabucodonosor não era apenas o vilão, mas era alguém numa jornada espiritual.

Na história da redenção de Deus, o nosso herói, Jesus, alcança todos os que precisam de ajuda incluindo os vilões em nosso meio. *TLG*

Como você pode ajudar alguém que necessita do resgate de Deus?

**Jesus orou por aqueles que o perseguiram.
Nós podemos fazer o mesmo.**

DIA 52

EXPECTATIVA DA ESPERA

Leitura: Salmo 130:1-6

Anseio pelo Senhor, mais que as sentinelas anseiam pelo amanhecer... v.6

Nos dias 1.º de Maio, anualmente, todos se alegram por ter um feriado a mais para descansar tanto no Brasil como em Portugal. Ao romper da manhã, muitos reúnem-se para participar de caminhadas e manifestações em favor dos trabalhadores e lutar por seus direitos, na esperança de obter melhores condições de trabalho e salários.

Eu também costumo esperar por respostas às orações, ou pela orientação do Senhor. Embora não saiba quando a espera acabará, aprendo a aguardar esperançosamente. No Salmo 130, o autor escreve sobre estar em profunda angústia, numa situação que parece a mais escura das noites. Em meio aos seus problemas, ele decide confiar em Deus e se manter alerta como um guarda encarregado de anunciar a alvorada. "Anseio pelo Senhor, mais que as sentinelas anseiam pelo amanhecer..." (v.6).

A expectativa da fidelidade de Deus rompendo a escuridão dá ao salmista a esperança para resistir até mesmo em meio ao seu sofrimento. Baseado nas promessas de Deus encontradas nas Escrituras, aquela esperança lhe permite que continue esperando, mesmo ainda não tendo visto os primeiros raios de luz.

Sinta-se encorajado, se você estiver em meio a uma noite escura. O amanhecer está vindo — nesta vida ou no Céu! Enquanto isso, não perca a esperança, mantenha-se vigilante pela libertação que virá do Senhor. Ele é fiel.

LMS

*Senhor, abre os meus olhos para ver
o Teu agir e para confiar em ti.*

Você pode confiar em Deus em todas as circunstâncias.

DIA **53**

COMO ENCONTRAR PAZ

Leitura: Colossenses 3:12-17

Permitam que a paz de Cristo governe o seu coração, pois [...] vocês são chamados a viver em paz. v.15

"**O que você pensa** a respeito da paz?", meu amigo me perguntou. "Paz? não tenho certeza, mas por que a pergunta?". Ele me respondeu: "Bem, enquanto você sacudia seus pés durante o culto, achei-a inquieta por algo. Você já refletiu sobre a paz que Deus dá aos que o amam?".

Naquele dia, fiquei magoada com a pergunta dele, mas isso deu início a uma jornada interior. Busquei na Bíblia para ver como o povo de Deus aceitou o presente de tranquilidade, de paz, mesmo em meio aos sofrimentos. Ao ler a carta de Paulos refleti a respeito da ordenança do apóstolo para deixar que a paz de Cristo governasse o coração deles (COLOSSENSES 3:15).

Paulo estava escrevendo para uma igreja que nunca tinha visitado, mas da qual ouvira falar por meio do seu amigo Epafras. O apóstolo estava preocupado porque, ao se depararem com falsos ensinamentos, estavam perdendo a paz de Cristo. Mas, em vez de admoestá-los, Paulo os encorajou a persistirem em confiar em Jesus, que lhes daria esperança e segurança (v.15).

Todos nós enfrentaremos momentos em que poderemos escolher aceitar ou rejeitar o domínio da paz de Cristo em nosso coração. Ao nos voltarmos a Jesus, pedindo-lhe que habite em nós, o Senhor gentilmente nos libertará da ansiedade e dos cuidados que pesam sobre nós. Ao buscarmos a Sua paz, confiamos que Ele nos alcançará com o Seu amor. ABP

O que pesa em sua mente e coração?
Você quer pedir a Jesus para lhe dar a paz?

Jesus, tu dás a paz que excede todo o entendimento. Ajuda-me a aceitá-la em todas as áreas da minha vida.

DIA **54**

NÃO É O QUE PARECE

Leitura: 2 Reis 19:29-37

...não acreditem em todo espírito, mas ponham-no à prova para ter a certeza de que o espírito vem de Deus... 1 João 4:1

"**O**uça!", minha esposa** disse ao telefone. "Há um macaco em nosso quintal!" E levantou o fone para eu ouvir. Sim, parecia um macaco. Porém o macaco selvagem mais próximo está a mais de 3.000 quilômetros. Mais tarde, meu sogro revelou o mistério. "É uma coruja", explicou. A realidade não era o que parecia.

Quando os exércitos do rei Senaqueribe cercaram o rei Ezequias, de Judá, dentro dos muros de Jerusalém, os assírios acharam que tinham a vitória. Porém a realidade era diferente. Embora o comandante assírio tenha fingido falar por Deus, o Senhor tinha Sua mão sobre o Seu povo. "Além disso, imaginam que invadimos sua terra sem a direção do Senhor? Foi o próprio Senhor que nos disse..." (2 REIS 18:25). Tentando convencer Jerusalém a se render, o porta-voz do rei da Assíria falou: "...Escolham a vida, e não a morte!" (v.32).

Isso *parece* algo que Deus diria. Mas foi o profeta Isaías que anunciou as verdadeiras palavras do Senhor: "...[Senaqueribe] Seus exércitos não entrarão em Jerusalém, nem dispararão contra ela uma só flecha [...] defenderei esta cidade e a libertarei" (2 REIS 19:32-34; ISAÍAS 37:35). Naquela noite, "o Anjo do Senhor" destruiu os assírios (v.35).

De tempos em tempos, encontraremos pessoas de fala mansa que nos "aconselham" e negam o poder de Deus. Isso não é a voz de Deus. Ele fala conosco através de Sua Palavra. Ele nos guia com Seu Espírito. Sua mão está sobre aqueles que o seguem, e Ele nunca nos abandonará.

TLG

Ensina-nos a discernir a Tua voz, Senhor.

Deus é sempre fiel.

DIA **55**

HONESTO COM DEUS

Leitura: Isaías 1:12-18

Finalmente, confessei a ti todos os meus pecados e não escondi mais a minha culpa... Salmo 32:5

O dia do meu neto de 3 anos tinha começado mal. Ele não conseguia encontrar a sua camiseta favorita. Os sapatos que ele queria calçar esquentavam muito. Irritado, ele criou confusão com a avó e depois se sentou para chorar.

"Por que você está tão chateado?", perguntei-lhe. Conversamos e, quando ele se acalmou, questionei: "Você foi bondoso com a vovó?". Ele olhou para baixo e respondeu: "Não, não fui, desculpe". Meu coração se solidarizou com a honestidade dele. Juntos, pedimos a Jesus para nos perdoar quando cometemos erros e que Ele nos ajudasse a melhorar.

Deus confrontou o Seu povo sobre os erros que tinham cometido. Os subornos e injustiças nos tribunais eram excessivos, tirava-se proveito de órfãos e viúvas para lucros pessoais. Mesmo assim, Deus agiu com misericórdia pedindo ao povo de Judá que eles confessassem e se afastassem do pecado: "Venham, vamos resolver este assunto, diz o Senhor. Embora seus pecados sejam como o escarlate, eu os tornarei brancos como a neve..." (ISAÍAS 1:18).

Deus quer que nos abramos com Ele em relação ao pecado. Quando honestamente nos arrependemos, Ele nos aceita com o Seu perdão amoroso: "Mas, se confessamos nossos pecados, ele é fiel e justo para perdoar nossos pecados e nos purificar de toda injustiça" (1 JOÃO 1:9). Pelo fato de o nosso Deus ser misericordioso, um novo começo nos espera. JBB

O que o impede de confessar os seus pecados a Deus?

**Aba, *Pai, ajuda-me a me afastar do pecado
e a ter um novo começo contigo hoje.***

DIA **56**

TRANSBORDANDO

Leitura: Romanos 15:4-13

Que Deus, a fonte de esperança, os encha inteiramente de alegria e paz, em vista da fé que vocês depositam nele... v.13

"**Não! Não! NÃO!**", gritei. Mas isso não ajudou nem um pouco. Minha brilhante solução para o entupimento teve o resultado exatamente oposto ao que eu pretendia. Soube que tinha cometido um erro no segundo em que apertei a descarga. E fiquei parado, impotente, enquanto a água transbordava novamente.

Quantas vezes nossas crianças tentam servir-se de leite, calculam mal, e o líquido branco se derrama para todo lado. Ou então esquecemos que a garrafa de 2 litros de refrigerante sacudiu na mala do carro e os resultados são explosivos.

Não, quase nunca o *encher inteiramente* é bom. Mas pode haver *uma* exceção. O apóstolo Paulo usa essa imagem do *transbordar* para descrever pessoas plenas do Espírito de Deus, a ponto de elas transbordarem de esperança (v.13). Amo a imagem de estar cheio até a borda de alegria, paz e fé, por causa da presença poderosa de Deus em nossa vida. Tanto que não podemos evitar exalar e expressar a alegre confiança em nosso Pai celestial. Isso pode ser durante os momentos belos e ensolarados da vida. Ou quando o copo de nossa vida entornar. Que de uma forma ou de outra, transbordemos esperança aos que estão ao nosso redor, e que sejam "encharcados" por ela. ARH

Senhor, quando acontecerem transbordamentos,
ajuda-nos a estar tão cheios de Teu Espírito,
que de nós transborde a esperança. Senhor, que os
outros a percebam e sejam abençoados.

O Pai nos deu o Espírito Santo
para nos fazer parecidos com o Seu Filho Jesus.

DIA **57**

FUTEBOL E PASTORES

Leitura: João 10:11-15

Eu sou o bom pastor. O bom pastor sacrifica sua vida pelas ovelhas. v.11

No futebol inglês é sempre intrigante ouvir o hino do time cantado pelos torcedores no início de cada partida. Esses cânticos vão desde o divertido (*Glad All Over* — Totalmente feliz) ao caprichoso (*I'm Forever Blowing Bubbles* — Estou sempre soprando bolhas) até o inesperado "Salmo 23", por exemplo, que é o hino do clube do *West Bromwich Albion*. As palavras desse salmo aparecem na fachada interior do estádio da equipe, declarando os cuidados do bom e maravilhoso Pastor a todos que vêm assistir uma partida.

No Salmo 23, Davi fez sua declaração atemporal: "O Senhor é meu pastor" (v.1). Mais tarde, Mateus nos diria que Jesus ao ver "...as multidões, teve compaixão delas, pois estavam confusas e desamparadas, como ovelhas sem pastor" (9:36). Jesus declarou Seu amor e preocupação pelas "ovelhas" humanas de Sua geração. "Eu sou o bom pastor. O bom pastor sacrifica sua vida pelas ovelhas" (JOÃO 10:11). A compaixão de Jesus conduziu as Suas interações com as multidões, Suas respostas às suas necessidades e, finalmente, Seu sacrifício em favor de todos (inclusive nós).

"O Senhor é meu pastor" é muito mais do que uma antiga letra ou um lema inteligente. É a declaração confiante do que significa ser conhecido e amado por nosso maravilhoso Deus — e o que significa ser resgatado por Seu Filho. WEC

Como Deus o cuida? Com quem você pode conversar sobre o Senhor hoje?

Que presente o nosso Pastor é para nós, Pai! Ajuda-nos a atender à Tua voz e a aproximarmo-nos de ti.

DIA 58

LADY BABUSHKA

Leitura: Atos 2:22-36

Portanto, saibam com certeza todos em Israel que a esse Jesus, que vocês crucificaram, Deus fez Senhor e Cristo! v.36

"Lady Babushka" é um dos mistérios que cercam o assassinato do presidente americano John F. Kennedy, em 1963. Fotografada registrando os eventos com sua câmera, ela se mostrou evasiva. Essa misteriosa mulher vestindo um sobretudo e lenço (lembrando uma avó russa) nunca foi identificada e seu filme jamais foi visto. Por décadas, historiadores e acadêmicos especulam que o medo impediu "Lady Babushka" de contar sua versão daquele terrível dia.

Não é preciso especular para entender porque os discípulos de Jesus se esconderam. Eles tinham medo das autoridades que haviam matado o seu Mestre (JOÃO 20:19) — e relutavam em se apresentar e declarar sua experiência. Mas Jesus ressurgiu do túmulo. E quando o Espírito Santo foi derramado já não era mais possível manter os antes tímidos seguidores de Cristo em silêncio! No dia do Pentecostes, Simão Pedro, pelo poder do Espírito, declarou: "...saibam com certeza, [...] de que a esse Jesus, que vocês crucificaram, Deus fez Senhor e Cristo" (ATOS 2:36).

A chance de falar corajosamente em nome de Jesus não está limitada àqueles que têm personalidades ousadas ou treinamento no ministério. É o Espírito habitando dentro de nós que nos capacita a falar as boas novas de Jesus. Com a força que o Senhor nos concede podemos experimentar a coragem de compartilhar o nosso Salvador com outras pessoas. *WEC*

*Senhor, por favor, dá-me a força e a coragem
para falar sobre ti aos outros.*

**Fale do incomparável amor de Cristo
aos que precisam ouvir.**

DIA 59

BELO PARA DEUS

Leitura: Salmo 8:4-9

Quem são os simples mortais, para que penses neles? Quem são os seres humanos, para que com eles te importes? v.4

Quando Denise começou a namorar, ela tentou ficar mais magra e se vestir elegantemente, acreditando que, dessa maneira, estaria mais atraente para seu namorado. Afinal, esse era o conselho de todas as revistas femininas. Mais tarde, ele confidenciou: "Preferia mais quando você tinha o peso de antes e não se preocupava tanto com o que vestir".

Denise percebeu como a "beleza" era subjetiva. Nossa visão da beleza é facilmente influenciada por outros, muitas vezes focada no exterior, e esquecemo-nos do valor da beleza interior. Mas Deus nos vê como Seus belos e amados filhos. Gostaria de pensar que, quando o Senhor criou o mundo, Ele deixou o melhor para o fim — nós! Tudo o que o Criador fez era bom, mas nós somos muito especiais porque somos feitos à imagem de Deus (GÊNESIS 1:27).

O Senhor nos considera belos! Não admira que o salmista tenha ficado maravilhado ao comparar a grandeza da natureza com os seres humanos. "Quem são os simples mortais, para que penses neles? Quem são os seres humanos, para que com eles te importes?", perguntou (v.4). No entanto, Deus escolheu coroar os mortais com a "glória e honra" que outras espécies não tinham (v.5).

Essa verdade nos concede segurança e motivo para louvá-lo (v.9). Não importa o que os outros pensem de nós — ou o que pensemos de nós mesmos — saibamos o seguinte: somos belos para Deus.

LK

Como você se vê a si mesmo?
Como você crê que Deus o vê?

Pai, tu sabes como nos sentimos inseguros sobre nós mesmos. Somos gratos por nos amares tanto!

DIA **60**

NINGUÉM GOSTA DE MIM

Leitura: Salmo 142

...ninguém sequer lembra que eu existo. Não tenho onde me abrigar, ninguém se importa com o que acontece comigo. v.4

Quando eu era criança e me sentia sozinha, rejeitada ou com pena de mim mesma, minha mãe, às vezes, tentava me animar com uma cantiga popular da época: "Ninguém me ama, ninguém me quer. Vou comer minhocas no jardim!". Eu abria um sorriso em meu rosto tristonho, e mamãe me ajudava a ver os relacionamentos especiais e motivos de gratidão que eu realmente tinha.

Quando li que Davi sentia que ninguém se importava com ele, aquela música voltou a soar em meus ouvidos. A dor dele não era nada exagerada. Eu tinha sentimentos de solidão típicos da minha idade, mas Davi, realmente, tinha bons motivos para sentir-se abandonado. Ele escreveu essas palavras nas profundezas escuras de uma gruta, onde se escondia de Saul, que o perseguia com planos sanguinários (1 SAMUEL 22:1; 24:3-10). Davi tinha sido ungido como futuro rei de Israel (16:13), passado anos à serviço de Saul, mas agora vivia "fugindo", temendo por sua vida. Em meio à solidão, clamou a Deus como seu "refúgio" dizendo "és tudo que desejo na vida" (SALMO 142:5).

Como Davi, nós também podemos clamar a Deus quando nos sentimos solitários e dar voz aos nossos anseios na segurança de Seu amor. Deus jamais minimiza a nossa solidão. Ele quer ser nosso companheiro nas grutas escuras de nossa vida. Deus se importa conosco, mesmo quando achamos que ninguém mais o faz!   KHH

Senhor, tu és meu Amigo quando me sinto só.
Obrigado por estares comigo nas grutas escuras dessa vida.

Deus é o nosso Amigo em todo o tempo,
mesmo quando nos sentimos sozinhos.

DIA 61

FIEL EM CATIVEIRO

Leitura: Gênesis 39:6-12,20-23

Mas o Senhor estava com ele na prisão e o tratou com bondade. v.21

Quando tocaram a campainha de sua casa numa manhã em 1948 o pastor Haralan Popov não sabia que rumo a sua vida tomaria. Sem qualquer aviso, a polícia búlgara o encarcerou por causa de sua fé. Popov passou 13 anos presos clamando ao Senhor por força e coragem. Apesar do tratamento horrível que recebia, Popov sabia que Deus estava com ele e compartilhava as boas novas com outros prisioneiros levando muitos a crer no Senhor.

José não tinha ideia do que lhe aconteceria após ser vendido por seus furiosos irmãos aos mercadores que o levaram ao Egito e o venderam a Potifar, um oficial egípcio. O jovem se viu numa cultura que adorava milhares de deuses. Para piorar sua situação, a esposa de Potifar tentou seduzi-lo. José a recusou, e, mesmo assim, ela retaliou acusando-o falsamente, levando-o à prisão (vv.16-20). Deus não o abandonou. O Senhor não somente estava com José na prisão, mas "lhe dava sucesso em tudo que ele fazia" e "o tratou com bondade" concedendo-lhe favor com as autoridades sobre ele (39:3,21).

Imagine o medo que José deve ter sentido. No entanto, ele permaneceu fiel e íntegro. Deus estava com José nessa difícil jornada e tinha um propósito para a sua vida. O Senhor tem um plano para você também. Encoraje-se e caminhe por fé, confiando que Ele o vê e o conhece.

EPE

Você passou por alguma situação difícil recentemente – talvez uma em que você tenha sido acusado falsamente?
Por que é essencial preservar a integridade nesses momentos?

Senhor, graças por Tua presença, independentemente das circunstâncias. Ajuda-me a ser fiel a ti.

DIA **62**

QUANDO AS PALAVRAS FALHAM

Leitura: Romanos 8:22-27

Que o teu amor nos cerque, Senhor, pois só em ti temos esperança. Salmo 33:22

Há pouco tempo, ditei uma mensagem de texto para minha esposa, Cari, usando apenas o comando de voz. Estava a caminho da porta para buscá-la no trabalho, e pretendia enviar as seguintes palavras: "Onde você quer que eu te pegue, minha velha?".

Cari não se incomoda que eu a chame de "minha velha" — é um daqueles apelidos carinhosos que usamos em casa. Mas meu celular não "entendeu" a frase, e, no lugar, enviou "minha vaca".

Felizmente, para mim, na mesma hora Cari entendeu o que tinha acontecido e achou graça. Mais tarde, ela postou minha mensagem de texto numa mídia social e perguntou: "Eu deveria me ofender?". Nós dois rimos do ocorrido.

A reação amorosa de minha esposa às minhas palavras esquisitas naquele dia me faz pensar sobre o entendimento amoroso de Deus em relação às nossas orações. Podemos não saber o que dizer ou o que pedir quando oramos, mas quando pertencemos a Cristo, Seu Espírito dentro de nós "...intercede por nós com gemidos que não podem ser expressos em palavras" (ROMANOS 8:26), e amorosamente nos ajuda a articular nossas profundas necessidades perante Ele.

Nosso Pai celestial não se mantém à distância, esperando que digamos as palavras certas. Podemos ir ao Senhor com cada necessidade, seguros de que Ele compreende e nos recebe com amor. JBB

Aba, Pai, obrigado por podermos estar
em Tua presença sem medo de nos expressarmos.

O amor de Deus alcança muito além das palavras.

DIA **63**

ALGO PARA SE GABAR

Leitura: Jeremias 9:23-26

...Que o sábio não se orgulhe de sua sabedoria, nem o poderoso de seu poder, nem o rico de suas riquezas. v.23

O **que significa ser real?** Essa é a grande questão respondida no clássico livro infantil "O coelho de veludo" (Ed. Poetisa, 2015). Essa é a história dos brinquedos numa creche e da jornada do coelho de veludo para se tornar real, permitindo-se ser amado por uma criança. Um dos outros brinquedos é o velho e sábio *Skin Horse*. Ele "tinha visto uma longa sucessão de brinquedos mecânicos chegarem para se gabar de seus sons e aos poucos falharem... e serem esquecidos". Esses brinquedos e seus sons pareciam impressionantes, mas os seus sons e o orgulho acabavam e os brinquedos tornavam-se inúteis quando se tratava de receber atenção.

O orgulho começa forte; mas no final, sempre desvanece. Jeremias lista três áreas onde isso é evidente: "sabedoria... poder... riquezas" (JEREMIAS 9:23). O sábio e velho profeta tinha vivido tempo suficiente para saber algumas coisas, e ele contra-atacava com a verdade do Senhor: "Aquele que deseja se orgulhar, que se orgulhe somente disto: de me conhecer e entender que eu sou o SENHOR..." (v.24). Que nos lembremos das palavras do profeta Jeremias!

Que nós, os filhos, orgulhemo-nos de Deus, nosso bom Pai. Essa é a maneira maravilhosa como você e eu crescemos para nos tornar mais e mais reais no desdobramento da história do Seu grande amor. *JB*

Pense em alguém que você conhece e que seja capaz de "se orgulhar no Senhor". De que maneira você pode seguir esse exemplo?

Pai, que o meu único orgulho esteja em conhecer o Teu grande e eterno amor.

DIA **64**

RELÓGIOS E CALENDÁRIOS

Leitura: Salmo 62

Ó meu povo, confie nele em todo tempo; derrame o coração diante dele, pois Deus é nosso refúgio. v.8

Meu pai faleceu aos 58 anos. Desde então, na data de sua morte, eu paro para me lembrar dele e refletir sobre sua influência em minha vida. Quando percebi que tinha vivido mais tempo sem o meu pai do que com ele, comecei a ponderar sobre a brevidade de minha própria vida.

Ao refletir, podemos lutar tanto com um determinado acontecimento, quanto com os sentimentos que provocam em nós. Embora meçamos o tempo com relógios e calendários, lembramos de alguns momentos por causa de determinados acontecimentos. Nas circunstâncias que desencadeiam as nossas emoções mais profundas, podemos experimentar alegria, perda, bênção, dor, sucesso ou fracasso.

As Escrituras nos encorajam: "Ó meu povo, confie nele em todo tempo; derrame o coração diante dele, pois Deus é nosso refúgio" (SALMO 62:8). Essa declaração de confiança não aconteceu num momento tranquilo. Davi escreveu essas palavras enquanto estava cercado por inimigos (vv.3,4). Ainda assim, ele esperou tranquilamente diante de Deus (vv.1,5) lembrando-nos de que o Seu amor infalível (v.12) é maior do que qualquer tempo de lutas que possamos enfrentar.

Em cada ocasião, temos essa confiança: Nosso Deus está conosco, e Ele é mais do que suficiente para nos amparar em todos os momentos. Quando as circunstâncias ameaçarem nos sufocar, a ajuda de Deus chegará na hora certa. WEC

Pai, somos-te gratos porque tu sempre és
e sempre serás fiel a nós.

Nosso Deus está conosco
em todos os momentos da vida.

DIA 65

TUDO POR NADA

Leitura: Provérbios 7:10-27

Sua casa é o caminho para a sepultura, seu quarto é a câmara da morte. v.27

O vício em heroína é corrosivo e trágico, pois gera a tolerância, e doses maiores são necessárias para o mesmo efeito. Logo, a dosagem passa a ser letal. Quando os viciados ouvem que alguém morreu de overdose, seu primeiro pensamento pode não ser o medo, mas "Onde posso conseguir isso?". C. S. Lewis alertou sobre isso no livro *Carta de um diabo a seu aprendiz* (Martins Fontes, 2009), com sua visão criativa à explicação de um demônio sobre a arte da tentação. Ele a inicia com o prazer, se possível, com um dos bons prazeres de Deus — e o oferece da forma que o Senhor proibiu. Quando a pessoa morde a isca, oferece menos e a incita a desejar ainda mais. Ele instiga nela "um desejo cada vez maior por prazer cada vez menor", até que finalmente conquista "a alma do homem sem lhe dar nada em troca".

Esse ciclo devastador com a tentação do pecado sexual é ilustrado no livro de Provérbios. O sexo é uma boa dádiva de Deus, mas, se o buscarmos fora do casamento, seremos "como boi que vai para o matadouro" (7:22). Há pessoas que são mais fortes do que nós, e, no entanto, já se destruíram ao perseguir alturas que são prejudiciais. Portanto, "preste atenção" e "não se perca em seus caminhos tortuosos" (vv.24,25). O pecado pode ser atraente e viciante, mas sempre acaba em morte (v.27). Ao evitar a tentação de pecar — na força de Deus — podemos encontrar a verdadeira alegria e plenitude no Senhor. *MEW*

*Como buscar a sabedoria de Deus
e não se desviar dela ao enfrentar as tentações?*

Preciso de ti, Espírito Santo, ajuda-me, pois sei que sem Tua presença sou incapaz de resistir à tentação.

DIA **66**

DESVENDE OS MEUS OLHOS

Leitura: João 14:23-31

...o Espírito Santo, como meu representante, ele lhes ensinará todas as coisas... v.26

Na primeira vez em que visitei a linda Igreja de Chora, em Istambul, consegui reconhecer algumas histórias bíblicas nos afrescos e mosaicos bizantinos do teto. Mas perdi muita coisa. Na segunda vez, entretanto, tive um guia que destacou todos os detalhes que eu tinha perdido anteriormente e, de repente, tudo fez sentido! O primeiro corredor, por exemplo, descreve a vida de Jesus como está registrado no evangelho de Lucas.

Às vezes, quando lemos a Bíblia, entendemos as histórias básicas, mas, e as suas conexões — aqueles detalhes que tecem as Escrituras numa única história perfeita? Temos ferramentas como comentários e estudos bíblicos, mas também precisamos de um guia que abra os nossos olhos e nos ajude a ver as maravilhas da revelação escrita de Deus. Nosso guia é o Espírito Santo, que nos ensina "todas as coisas" (JOÃO 14:26). Paulo escreveu que ele explica isso, não com "palavras vindas da sabedoria humana, mas palavras que nos foram ensinadas pelo Espírito..." (1 CORÍNTIOS 2:13).

Como é maravilhoso ter o Autor do Livro para nos mostrar as Suas maravilhas divinas! Deus não nos deu somente a Sua Palavra escrita e Sua revelação. O Senhor também nos ajuda a compreendê-la e a aprender com ela. Portanto, oremos com o salmista: "Abre meus olhos, para que eu veja as maravilhas de tua lei" (SALMO 119:18).   KOH

*Senhor, quero descobrir as maravilhas
da Tua revelação em Tua Santa Palavra.*

Precisamos de Deus para entender as Escrituras.

DIA 67

PERGUNTE AO PROPRIETÁRIO

Leitura: Salmo 66:1,8-20

...e eu lhes contarei o que [Deus] fez por mim. v.16

No início do século 20, a *Packard Motor Car Company* criou um slogan para atrair compradores. "Pergunte ao proprietário de um", tornou-se a propaganda poderosa que contribuiu para a reputação da empresa como fabricante do veículo de luxo dominante na época. Eles demonstraram que entendiam que o testemunho pessoal atrai o ouvinte e que a satisfação de um amigo com um produto é um poderoso endosso.

Compartilhar as experiências individuais da bondade de Deus também provoca intenso impacto. Deus nos convida a declarar a nossa gratidão e alegria não apenas a Ele, mas a "todos os habitantes da terra" (SALMO 66:1). Nesse cântico, o salmista compartilhou prontamente o perdão que Deus lhe concedeu quando ele se afastou de seus pecados (vv.18-20).

Deus fez obras incríveis no curso da história como separar as águas do mar Vermelho (v.6). Ele também age individualmente com cada um de nós: concedendo-nos esperança em meio ao sofrimento, dando-nos o Espírito Santo para compreendermos a Sua Palavra e suprindo as nossas necessidades diárias. Quando compartilhamos as nossas experiências pessoais sobre o agir de Deus em nossa vida estamos dando algo de muito mais valor do que somente o endosso de uma bênção específica. Com essa atitude, reconhecemos a bondade de Deus e incentivamos uns aos outros ao longo da jornada da vida. KHH

O que você pode dizer sobre a ação de Deus em sua vida?
Qual bênção você pode compartilhar?

**Deus, ajuda-me a anunciar
os Teus notáveis feitos em minha vida!**

DIA 68

O APELO DE UM CEGO

Leitura: Lucas 18:35-43

...Jesus, Filho de Davi, tenha misericórdia de mim! v.38

Alguns anos atrás, um amigo notou que eu estava com dificuldades de ver objetos à distância. O que ele fez em seguida, mudou minha vida. Tirou seus óculos e disse: "Experimente". Coloquei e, surpreendentemente, minha visão embaçada clareou. Por fim, fui a um oftalmologista que receitou óculos para corrigir meu problema de visão.

A leitura de hoje traz um homem que não enxergava e que vivia em total escuridão, o que o obrigava a mendigar para viver. As notícias sobre Jesus, o Mestre popular e milagreiro, chegaram aos ouvidos do mendigo cego. Então, quando as viagens de Jesus o levaram para onde estava o cego, a esperança despontou em seu coração. Esse homem cego começou a gritar: "Jesus, Filho de Davi, tenha misericórdia de mim!" (LUCAS 18:38). Embora não tivesse a visão física, o homem possuía a visão espiritual sobre a identidade de Jesus, e a fé naquele que lhe supriria sua necessidade. Compelido por esta fé, "...gritava ainda mais alto: 'Filho de Davi, tenha misericórdia de mim!'" (v.39). O resultado? A cegueira foi curada, ele deixou de mendigar e passou a viver glorificando a Deus por poder enxergar (v.43).

Em períodos de escuridão, para onde você se volta? Ao que ou a quem chama? Os óculos ajudam a melhorar a visão, mas é o misericordioso toque de Jesus, o Filho de Deus, que tira as pessoas da escuridão espiritual para a luz. *ALJ*

Pai, abre os olhos do meu coração para ver claramente quem é Jesus e as maravilhas que Ele pode fazer.

O Pai se alegra em conceder visão àqueles que o buscam.

DIA 69

TOCADO PELA GRAÇA

Leitura: Lucas 6:27-36

...amem os seus inimigos, façam o bem a quem os odeia. v.27

No romance *Paz como um rio*, de Leif Enger (Ed. Difel, 2003), Jeremias Land é um pai responsável por seus três filhos. Ele trabalha como o zelador de uma escola local. É homem de profunda fé, por vezes milagrosa, a qual é frequentemente testada ao longo do livro.

A escola é dirigida por Chester Holden, um homem mesquinho que tem uma doença de pele. Apesar da excelente ética de trabalho de Land, que limpa o vazamento do esgoto sem reclamar e junta os pedaços de garrafas que Holden quebrou, o diretor quer lhe demitir. Certo dia numa cena humilhante na frente de todos os alunos o diretor o acusa de embriaguez e o demite. Qual a reação de Land? Ele poderia entrar na justiça trabalhista e fazer acusações justas, ou fugir aceitando a injustiça. O que você faria?

Jesus diz: "Amem os seus inimigos, façam o bem a quem os odeia, abençoem quem os amaldiçoa, orem por quem os maltratam" (LUCAS 6:27,28). Essas palavras desafiadoras não pretendem desculpar o mal nem impedir a busca por justiça. Elas nos convocam a imitar a Deus (v.36). Fazem-nos uma pergunta profunda: Como posso ajudar meu inimigo a se tornar tudo o que Deus quer que ele seja?

Land olha para Holden, aproxima-se dele e o toca em seu rosto. O diretor recua defensivamente, mas sente-se maravilhado ao perceber que a sua pele fora curada pelo toque da graça. *SMV*

Qual seria a sua reação? Como você pode ajudar uma pessoa difícil a se aproximar dos propósitos de Deus?

Senhor, mostra-me como ajudar o meu inimigo a se aproximar de ti.

DIA **70**

COMO ANUNCIADO

Leitura: João 16:25-33

...Aqui no mundo vocês terão aflições, mas animem-se, pois eu venci o mundo. v.33

Em uma de nossas férias, meu marido e eu nos inscrevemos para um passeio de barco. Usando chinelos, vestido e chapéu, lamentei ao descobrir que — diferentemente do anunciado — a viagem incluía corredeiras leves. Felizmente, estávamos com um casal que tinha experiência em corredeiras. Ensinaram o meu marido sobre o manejo do remo, e prometeram que navegaríamos juntos com segurança até o destino. Grata pelo colete salva-vidas, gritei e agarrei a alça de plástico do barco até o fim do passeio. Saí do barco e retirei a água da bolsa, enquanto meu marido me ajudava a torcer a barra do meu vestido ensopado. Rimos muito, apesar de a viagem não ter sido como a agente tinha anunciado.

O folheto turístico deixou de fora um detalhe importante da viagem, porém, Jesus alertou explicitamente os Seus discípulos sobre as águas agitadas que teriam pela frente. Disse-lhes que seriam perseguidos e martirizados, e que Ele morreria e ressuscitaria. Jesus também garantiu a Sua confiabilidade, afirmando que os guiaria rumo ao inegável triunfo e esperança eterna (vv.16-33).

Embora fosse bom se a vida fosse mais fácil, quando seguimos a Jesus, Ele deixou claro que Seus discípulos teriam problemas, mas prometeu estar conosco. As provações não definem, limitam ou destroem os planos de Deus para nós, porque a ressurreição de Jesus já nos impulsionou para a vitória eterna. *XED*

*Senhor, obrigado por Tuas promessas
de que permaneces ao nosso lado.*

Jesus promete estar conosco nas águas mais bravias.

DIA 71

VIVER. ORAR. AMAR.

Leitura: Romanos 12:9-21

Não deixem que o mal os vença, mas vençam o mal praticando o bem. v.21

Influenciado por seus pais que eram cristãos fiéis, o astro Jesse Owens vivia como um corajoso homem de fé. Durante os Jogos Olímpicos de 1936 em Berlim, Owens, um dos poucos afro-americanos da equipe dos EUA, recebeu quatro medalhas de ouro na presença de nazistas cheios de ódio e de seu líder. Na ocasião, Owens tornou-se amigo do atleta alemão Luz Long. Cercado pela propaganda nazista, o simples ato de Owens viver sua fé impactou a vida de Long. Mais tarde, ele escreveu a Owens: "Naquela hora em Berlim, quando falei com você pela primeira vez, e você estava ajoelhado, percebi que estava orando. Então, acho que posso acreditar em Deus".

Owens demonstrou como os cristãos podem responder às palavras do apóstolo Paulo de odiar "...tudo que é mau" e amar com "...amor fraternal" (ROMANOS 12:9,10). Embora ele pudesse ter respondido a maldade ao redor dele com ódio, Owens escolheu viver pela fé e demonstrar amor a um homem que mais tarde se tornaria seu amigo e eventualmente consideraria crer em Deus. Quando o povo de Deus se compromete a não parar de orar (v.12), Ele nos capacita a viver "...em harmonia uns com os outros" (v.16).

Quando dependemos da oração, comprometemo-nos a viver nossa fé e a amar todos os que são criados à imagem de Deus. Se clamarmos a Deus, Ele nos ajudará a derrubar as barreiras e a construir "pontes de paz". XED

Você pode construir pontes de paz?
A sua fidelidade na oração rendeu frutos?

Pai, fortalece-nos para nos unirmos em oração e total comprometimento em amar os outros e a viver em paz.

DIA 72

NOSSO LUGAR SEGURO

Leitura: Salmo 91

*Isto eu declaro a respeito do S*ENHOR*: ele é meu refúgio, meu lugar seguro, ele é meu Deus e nele confio. v.2*

Meu primeiro emprego foi em uma lanchonete. Certo sábado à noite, um rapaz ficou rondando, perguntando a que horas eu sairia do trabalho e isso me incomodou muito. Conforme a hora passava, ele pedia batatas fritas, depois uma bebida, assim o gerente não lhe pedia para sair. Embora eu não morasse longe, estava com medo de andar sozinha por alguns estacionamentos e um trecho de terreno arenoso. Por fim, à meia-noite, fui ao escritório fazer um telefonema. A pessoa que atendeu — meu pai — sem pensar duas vezes, saiu de sua cama quentinha e, cinco minutos depois, estava lá para me levar para casa.

O tipo de certeza que eu tinha de que meu pai viria em meu socorro naquela noite me lembra a segurança sobre a qual lemos no Salmo 91. Nosso Pai celestial está sempre conosco, protegendo-nos e nos cuidando quando estamos confusos, amedrontados ou necessitados. Ele declara: "Quando clamar por mim, eu responderei..." (SALMO 91:15). Ele não é apenas um lugar onde podemos buscar segurança. Deus é o nosso abrigo (v.1). O Senhor é o nosso refúgio e nele podemos confiar e estar seguros (v.2).

Em momentos de medo, perigo ou incerteza, podemos confiar na promessa de que quando clamarmos a Deus, Ele nos ouvirá e estará conosco em nossas dificuldades (vv.14,15). Deus é o nosso lugar seguro. CHK

Querido Pai, obrigado por seres
o meu refúgio e lugar seguro.

O Deus vivo será sempre o nosso abrigo.

DIA 73

CÍRCULOS APERTADOS

Leitura: Gálatas 5:1,4-14

...permaneçam firmes nessa liberdade, pois Cristo verdadeiramente nos libertou. v.1

Ganhamos uma *collie* com *pedigree* que estava velha demais para procriar. Logo descobrimos que ela havia, infelizmente, passado grande parte de sua vida dentro de um pequeno canil. Ela girava em pequenos círculos e não conseguia buscar algo distante ou correr em linha reta. E mesmo com um grande quintal para brincar, ela achava que estava cercada.

Os primeiros cristãos, muitos dos quais eram judeus, estavam acostumados a ser contidos pela Lei mosaica. Embora a Lei fosse boa e tivesse sido dada por Deus para convencê-los do pecado e levá-los a Jesus (GÁLATAS 3:19-25), era a hora de viver sua nova fé baseada na graça de Deus e na liberdade de Cristo. Eles hesitaram. *Depois de tanto tempo, eles estavam realmente livres?*

Nós podemos ter o mesmo problema. Talvez tenhamos crescido em igrejas que nos cercaram com regras rígidas ou sido criados em lares permissivos e agora estamos desesperados pela segurança dos limites. De qualquer forma, é hora de vivenciarmos a nossa liberdade em Cristo (GÁLATAS 5:1). Jesus nos libertou para o obedecermos por amor (JOÃO 14:21) e para "[servirmos] uns aos outros em amor" (GÁLATAS 5:13). Há muito amor e alegria disponível aos que compreendem que "se o Filho os libertar, vocês serão livres de fato" (JOÃO 8:36).   MEW

Você foi impedido de experimentar a liberdade em Cristo?
Como essa percepção de estar
liberto em Cristo o ajuda a servir aos outros?

Jesus, ajuda-me a crer que sou tão livre
quanto a Tua Palavra afirma.

DIA 74

ANEL NO LIXO

Leitura: Mateus 13:44-46

Peçam, e receberão. Procurem, e encontrarão.
Batam, e a porta lhes será aberta. Mateus 7:7

Certa manhã, na faculdade, acordei e encontrei a minha colega de quarto em pânico. O anel de monograma da Carol tinha sumido. Procuramos por todos os cantos. Na manhã seguinte, reviramos até um latão de lixo. Rasguei um saco, e disse: "Carol, por que tanto empenho em achar esse anel!". "Não vou perder um anel de 600 reais!", ela me respondeu.

A determinação dela me lembra a parábola que Jesus contou sobre o reino do Céu, que é "...como um tesouro escondido que um homem descobriu num campo. Em seu entusiasmo, ele o escondeu novamente, vendeu tudo que tinha e, com o dinheiro da venda, comprou aquele campo" (MATEUS 13:44). Para encontrar certas coisas, o esforço vale a pena.

Ao longo da Bíblia, Deus promete que aqueles que o buscarem, o acharão. Em Deuteronômio, Ele explicou aos israelitas que o encontrariam caso se afastassem do pecado e o buscassem de todo o coração (4:28,29). Em 2 Crônicas, o rei Asa foi encorajado por promessa semelhante (15:2). E em Jeremias, Deus fez a mesma promessa aos exilados, dizendo que os tiraria do cativeiro (29:13,14).

Se buscarmos a Deus através de Sua Palavra e da adoração a Ele em nossa vida diária, nós, com toda a certeza, encontraremos o Senhor. Ao longo do tempo, nós o conheceremos de modo mais profundo. Isso será muito melhor do que aquele doce momento em que Carol achou seu anel e o tirou de dentro de um daqueles sacos de lixo!

JS

Senhor, ajuda-me a buscar-te com todo o meu coração.

**Para encontrar Deus,
precisamos estar dispostos a buscá-lo.**

DIA 75

É ESCORREGADIO AQUI FORA!

Leitura: Salmo 141

Não permitas que eu me desvie para o mal... v.4

Anos atrás, quando eu estava aprendendo a esquiar, segui meu filho Josué no que parecia ser um declive suave. Com meu olhar fixo nele, não percebi que ele tinha descido a colina mais íngreme da montanha e desci a encosta completamente fora de controle. E claro, caí violentamente.

O Salmo 141 nos mostra como é fácil nos inclinarmos ao pecado. A oração é uma das formas de nos mantermos atentos a esses escorregões: "Não permitas que eu me desvie para o mal" (SALMO 141:4) é um apelo que ressoa quase exatamente a oração do Senhor: "E não nos deixes cair em tentação, mas livra-nos do mal" (MATEUS 6:13). Em Sua bondade, Deus ouve e responde a essa oração. Nesse salmo, também encontro outro agente da graça: um amigo fiel. "Firam-me os justos! Será um favor! Se eles me corrigirem, será remédio que dá alívio; não permitas que eu o recuse" (v.5). As tentações são sutis. Nem sempre estamos conscientes de que estamos errados. Um amigo verdadeiro pode ser objetivo. "As feridas feitas por um amigo sincero são melhores..." (PROVÉRBIOS 27:6). É difícil aceitar a repreensão, mas, se vemos o ferimento como "algo positivo", ele pode se tornar a consolação que nos coloca de volta no caminho da obediência.

Que possamos estar abertos à verdade dita por um amigo de confiança e dependermos de Deus em oração. *DHR*

Em quais pistas escorregadias você transita?
Como você pode proteger o seu coração?

DIA **76**

ESTOU VENDO VOCÊ

Leitura: Salmo 121

O Senhor o guarda em tudo que você faz, agora e para sempre. (v.8)

Quando meu filho tinha 2 anos, ele saiu correndo pelos corredores da pequena loja de sapatos. Escondeu-se atrás de pilhas de caixas de sapatos e riu quando meu marido, Alan, disse: "Estou vendo você".

Pouco depois, vi Alan andar de um lado para outro, chamando Xavier. Corremos para a porta da loja. Nosso filho, rindo, corria em direção à rua movimentada.

Em segundos, Alan o agarrou e, enquanto agradecíamos a Deus, abraçamo-nos, soluçamos e beijamos as bochechas de nosso filhinho.

Um ano antes de engravidar de Xavier, tínhamos perdido o nosso primeiro filho durante a gravidez. Quando Deus nos abençoou com outro, tornei-me uma mãe bastante temerosa. A experiência naquela loja provou que nem sempre poderíamos ver ou proteger nosso filho. E quando me debatia com preocupação e medo aprendi a buscar paz em minha única fonte de socorro — Deus, e nele encontrei, paz.

Nosso Pai celestial nunca desvia o Seu olhar dos Seus filhos (SALMO 121:1-4). Embora não possamos evitar as provações, mágoas ou perdas, podemos viver com fé, confiando em um Socorrista e Protetor sempre presente, que cuida de nossa vida (vv.5-8).

Certos dias, podemos nos sentir perdidos e desamparados, ou impotentes quando não conseguimos proteger nossos entes queridos. Porém, podemos confiar que o nosso Deus, que tudo sabe, nunca nos perde de vista — somos Seus filhos preciosos e amados. XED

*Obrigado por cuidares
de nossos entes queridos e de nós, Senhor.*

Deus sempre mantém o Seu olhar sobre os Seus filhos.

DIA 77

LUZ GUIA

Leitura: Gênesis 1:1-5

Deus disse: "Haja luz", e houve luz. v.3

O restaurante era adorável, mas escuro. Apenas uma pequena vela tremeluzia em todas as mesas. Para enxergarem-se melhor, os clientes usavam os smartphones para ler o menu, olhar para os colegas da mesa e até mesmo para ver o que estavam comendo. Finalmente, um cliente empurrou a cadeira silenciosamente, aproximou-se de um garçom e fez-lhe um pedido simples: "Você poderia acender as luzes?". Em pouco tempo, acenderam-se as luzes e os fregueses explodiram em aplausos, com risos, conversas alegres e agradecimentos. O marido da minha amiga desligou o telefone, pegou os talheres e falou por todos nós: "Que haja luz! E agora vamos comer!".

Nossa noite obscura se tornara festiva com o toque de um interruptor. Mas quanto mais importante é conhecer a fonte genuína da verdadeira luz. O próprio Deus falou as palavras surpreendentes: "Haja luz", no primeiro dia em que Ele criou o Universo "e houve luz" (v.3). "E Deus viu que a luz era boa" (v.4).

A luz expressa o grande amor de Deus por nós. A Sua luz nos direciona a Jesus, "a luz do mundo" (JOÃO 8:12), que nos afasta da obscuridade do pecado. Andando em Sua luz, encontramos o caminho claro para a vida que glorifica o Filho. Ele é o presente mais reluzente do mundo. À medida que Ele brilha, andemos em Seu caminho.

PR

Em que situação você precisa da luz de Jesus para brilhar?
Quando a Sua luz o guiou?

Senhor, agradecemos-te por Jesus, a Luz do Mundo, e por Teu grande amor e luz que nos orienta.

DIA **78**

DECLARAÇÃO DE DEPENDÊNCIA

Leitura: João 5:16-23

...Pois, sem mim, vocês não podem fazer coisa alguma. João 15:5

A mãe de Laura estava lutando contra o câncer, e certa manhã, Laura orou por ela com uma amiga que há anos era incapacitada por paralisia cerebral. Essa amiga, orou: "Senhor, fazes tudo por mim. Por favor, faz tudo pela mãe da Laura".

Laura ficou profundamente tocada por essa "declaração de dependência" da sua amiga. Ao refletir sobre isso, disse: "Com que frequência reconheço a minha necessidade de Deus em tudo? Deveria fazer isso todos os dias!".

Durante Seus dias na Terra, Jesus demonstrou contínua dependência de Seu Pai. Pode-se achar que Jesus, por ser Deus em um corpo humano, teria todos os motivos para ser autossuficiente. Mas quando as autoridades religiosas lhe pediram uma razão por "trabalhar" no dia de descanso, por ter curado alguém num Sábado, Jesus respondeu: "...Eu lhes digo a verdade: o Filho não pode fazer coisa alguma por sua própria conta. Ele faz apenas o que vê o Pai fazer..." (v.19). Jesus também declarou Sua dependência!

A dependência de Jesus em Seu Pai estabelece o maior exemplo do que significa viver em comunhão com Deus. Cada respiração é um presente de Deus, e Ele deseja que a nossa vida seja repleta de Sua força. Quando vivemos para amar e servir ao Senhor através de nossa contínua oração e confiança em Sua Palavra, declaramos nossa dependência nele. *JBB*

Senhor, preciso de ti. Ajuda-me a viver para servir-te.
Louvo-te por seres o meu Salvador e minha força!

A oração é a nossa declaração
de dependência de Deus.

DIA 79

QUANDO SABEMOS QUEM GANHA

Leitura: Apocalipse 21:1-5

Ele lhes enxugará dos olhos toda lágrima... v.4

Meu supervisor é fã de um time de basquete que neste ano venceu o campeonato nacional, e outro colega lhe enviou uma mensagem congratulando-o. O único problema foi que meu chefe ainda não tinha tido a chance de assistir ao último jogo! Ele disse que estava frustrado por saber o resultado de antemão. Mas, admitiu que pelo menos quando assistiu aquele jogo citado não estava nervoso quando o placar estava tão próximo ao final. Ele sabia quem era o vencedor!

Nós nunca sabemos realmente o que o amanhã nos trará. Uns dias podem parecer comuns e tediosos, enquanto outros são cheios de alegria. Em outros, a vida pode ser cansativa, angustiante, mesmo por longos períodos de tempo. Mas apesar dos imprevistos podemos nos ancorar na paz de Deus. Porque, como o meu supervisor, sabemos o final da história. Nós sabemos quem "ganha". O Apocalipse levanta a cortina desse espetáculo. Após a derrota final da morte e do mal (20:10,14), João descreve a vitória (21:1-3) quando Deus habitará com Seu povo e lhes enxugará "dos olhos toda a lágrima" num mundo onde "não haverá mais morte, nem tristeza, nem choro, nem dor" (vv.3,4).

Nos dias difíceis, apeguemo-nos a essa promessa. Não haverá mais perda ou pranto, dúvidas ou corações partidos. Em vez disso, passaremos a eternidade junto ao nosso Salvador. Que celebração gloriosa será!

ARH

Como a esperança do Céu pode dar-lhe coragem e força em tempos difíceis?

Um dia Deus curará cada ferida e enxugará toda a lágrima.

DIA 80

ELE NOS CONHECE

Leitura: Salmo 139:1-14

Ó SENHOR, tu examinas meu coração e conheces tudo a meu respeito... vv.1,2

Será que Deus sabia que naquela noite, eu estava dirigindo os 160 quilômetros até a minha cidade? Dadas as condições em que me encontrava, a resposta não era simples. Eu estava com febre alta, dor de cabeça, e orava: "Senhor, sei que estás comigo, mas estou com dores!".

Eu estava cansado e fraco e parei perto de um vilarejo. Dez minutos depois, ouvi uma voz: "Oi! Precisa de ajuda?". Eram homens da comunidade. A presença deles me fez bem. Quando disseram o nome do vilarejo, *Naa mi n'yala* (que significa "O Rei sabe o que me acontece!"), fiquei maravilhado. Tinha passado por ali dúzias de vezes, sem parar. Dessa vez, o Senhor usou o nome da comunidade para me lembrar que, sim, Ele, o Rei, estava comigo naquela estrada, em minha angústia. Encorajado, segui para a clínica mais próxima.

Deus nos conhece perfeitamente: ao realizarmos as tarefas diárias, ou em lugares e situações diferentes, não importa a nossa condição (SALMO 139:1-4,7-12). Ele não nos abandona, nem nos esquece; nem está tão ocupado que nos negligencie. Quando enfrentamos problemas ou circunstâncias difíceis — "escuridão" ou "noite" (vv.11,12), não estamos escondidos de Sua presença. Essa verdade nos dá tamanha esperança e segurança que podemos louvar ao Senhor que, cuidadosamente, nos criou e nos conduz pela vida (v.14).   LD

*Obrigado Senhor, por sempre saberes onde
e como estou e por poder contar com o Teu cuidado.
Tu conheces tudo a meu respeito.*

**Onde quer que estejamos,
Deus conhece tudo a nosso respeito.**

DIA 81

SEJA QUAL FOR O CUSTO

Leitura: João 12:37-43

Eles, porém, não declararam sua fé abertamente, por medo... v.42

O filme *Paulo, Apóstolo de Cristo* (2018) traz uma visão inflexível da perseguição nos primeiros dias da Igreja. Até mesmo seus personagens menores revelam como era perigoso seguir a Jesus.
Muitas vezes o ato de identificar-se com Cristo teve alto custo. Em grande parte do mundo, ainda é perigoso seguir a Jesus. Muitos na igreja de hoje podem se identificar com esse tipo de perseguição. Alguns de nós, no entanto, podemos nos sentir "perseguidos" e indignados sempre que a nossa fé for ridicularizada ou suspeitarmos de que fomos preteridos para uma promoção por causa de nossas crenças.
Obviamente, sabemos que há uma diferença colossal entre sacrificar o status social e sacrificar a nossa vida. Na verdade, o interesse próprio, a estabilidade financeira e a aceitação social sempre foram intensos motivadores humanos. Vemos isso com os primeiros convertidos a Jesus. João relata que, poucos dias antes da crucificação de Cristo, embora a maioria dos israelitas ainda o rejeitasse, "muitos creram em Jesus, incluindo alguns dos líderes judeus" (JOÃO 12:37,42). Contudo, eles "não declararam sua fé abertamente [...]. Amaram a aprovação das pessoas mais que a aprovação de Deus" (vv.42,43).
Hoje enfrentamos pressões sociais para resguardar a nossa fé em Cristo. Seja qual for o custo, unamo-nos na busca pela aprovação de Deus mais do que do elogio humano. TLG

Há momentos em que você ficou quieto
para esconder a sua identificação com Jesus?

Senhor, quero estar mais próximo de ti.

DIA **82**

O MELHOR PRESENTE

Leitura: Lucas 11:9-13

...Procurem, e encontrarão... v.9

Quando estava fazendo as malas para voltar para Londres, minha mãe me deu de presente um anel que lhe pertencia e que eu admirava. Surpresa, perguntei-lhe o porquê?". Ela respondeu: "Acho que você deve aproveitar e usá-lo desde já. Por que esperar até eu morrer? Ele nem me serve mais". Com um sorriso, recebi o presente inesperado, uma herança prematura que sempre me traz alegria.

Ela me deu um presente material, porém Jesus promete que Seu Pai dará o Espírito Santo àqueles que o pedirem (v.13). Se pais que estão deteriorados pelo pecado podem suprir necessidades (como alimentos) de seus filhos, quanto mais nosso Pai do Céu dará aos Seus filhos. Através da dádiva do Espírito Santo (JOÃO 16:13), podemos experimentar esperança, amor, alegria e paz mesmo em tempos difíceis — e compartilhar estes presentes com outros.

Talvez tenhamos tido pais incapazes de amar e cuidar de nós integralmente em nossa infância; ou tido mães e pais que foram exemplos brilhantes de amor incondicional. Nossa experiência pode ter sido um meio-termo. Seja o que for que tenhamos vivido com nossos pais terrenos, firmemo-nos na promessa de que o nosso Pai celestial nos ama incessantemente. Ele concedeu aos Seus filhos a dádiva do Espírito Santo. *ABP*

Pai celestial, o Teu amor por mim é maravilhoso.
Ajuda-me a viver em Tua presença,
compartilhando o Teu amor com quem eu encontrar.

Nosso Pai do Céu nos concede boas dádivas.

DIA 83

MAIS QUE A ÁGUA

Leitura: Gálatas 3:23-29

Todos que foram unidos com Cristo no batismo se revestiram de Cristo. v.27

Uma das minhas primeiras memórias de infância da igreja foi um pastor andando pelo corredor, desafiando-nos a "lembrar as águas do nosso batismo". *Lembram-se das águas?* Eu me perguntei: *Como você pode se lembrar da água?* Ele então começou a espirrar água em todos, o que, quando criança, encantou-me e me confundiu.

Por que devemos pensar sobre o batismo? No batismo de alguém, há muito mais do que a água. O batismo simboliza que através da fé em Jesus nos tornamos revestidos de Cristo (GÁLATAS 3:27). Ou, em outras palavras, celebramos que pertencemos a Ele e que Jesus vive em e através de nós. Como se isso não fosse significativo o suficiente, a passagem bíblica nos diz que, se nos revestimos de Cristo, a nossa identidade é encontrada nele. Somos os "filhos de Deus por meio da fé em Cristo Jesus" (v.26). Como tal, fomos declarados justos com Deus pela fé, não por seguir a lei do Antigo Testamento (vv.23-25). Não somos divididos uns contra os outros por gênero, cultura e status. Somos libertos e trazidos para a unidade por meio de Cristo e agora somos Seus (v.29).

Temos boas razões para relembrar o batismo e tudo o que esse ato representa. Não estamos simplesmente nos concentrando no batismo em si, mas no fato de pertencemos a Jesus e nos tornamos filhos de Deus. Nossa identidade, futuro e liberdade espiritual são encontrados no Senhor. *PC*

*Como você pode celebrar e lembrar-se
regularmente do significado do batismo?*

**Deus, ajuda-me a nunca esquecer
que através de Jesus eu sou filho de Deus!**

DIA **84**

QUAL É A SUA PAIXÃO?

Leitura: Salmo 20:6-9

Alguns povos confiam em carros de guerra, outros, em cavalos, mas nós confiamos no nome do SENHOR... v.7

O caixa de um banco tem em sua cabine de vidro a foto de um automóvel conversível de alta performance da década de 60. Certo dia, durante uma transação bancária, perguntei-lhe se era o carro dele. "Não, mas é a minha paixão, minha razão de levantar todas as manhãs e vir trabalhar. Um dia terei um desses", ele respondeu.

Entendo a paixão desse jovem. Um amigo meu tinha um conversível igual, e eu o dirigi uma vez! Que máquina! Mas um carro, assim como tudo neste mundo, não vale uma vida. Os que confiam em coisas, e não em Deus "perdem as forças e caem", diz o salmista (v.8). Isso porque fomos feitos para Deus e nada mais tem valor. Nós validamos essa verdade bíblica em nossas experiências diárias. Compramos isso ou aquilo porque achamos que essas coisas nos deixarão felizes, porém, como uma criança que ganha uma dúzia, ou mais, de presentes no Natal, questionamos: "É só isso?". Sempre está nos faltando algo.

Nada que este mundo tenha a nos oferecer, mesmo coisas muito boas, nos satisfazem completamente. Temos certa alegria nelas, mas a nossa felicidade logo se esvai (1 JOÃO 2:17). C. S. Lewis, teólogo e escritor, já concluiu que não existe essa possibilidade: "Deus não pode nos dar alegria e paz fora dele mesmo". DHR

*Encontrei Aquele por quem minha alma
há tanto tempo ansiava! Jesus satisfaz os meus anseios
— por Seu sangue agora sou salva.* CLARA WILLIAMS

Em cada coração há um anseio que só Jesus satisfaz.

DIA **85**

NOME DOS NOMES

Leitura: Êxodo 6:1-8

Por isso Deus o elevou ao lugar de mais alta honra e lhe deu o nome que está acima de todos os nomes.
Filipenses 2:9

O **nome de** Antonio Stradivari (1644-1737) é lendário no mundo da música. Seus violinos, violoncelos e violas são muito apreciados por sua capacidade e clareza de som a ponto de muitos até terem recebido nomes próprios. Um deles, por exemplo, é conhecido como o Stradivarius Messias-Salabue. Depois que o violinista Joseph Joachim (1831-1907) o tocou, escreveu: "O som do Strad, aquele único 'Messie', aparece de novo e de novo em minha memória, com sua combinada doçura e grandeza".

No entanto, mesmo o nome e o som de um Stradivarius não merecem ser comparados ao trabalho de uma Fonte muito maior. De Moisés a Jesus, o Deus dos deuses se apresenta com um nome acima de todos os nomes. Por nossa causa, o Senhor quer que a sabedoria e as obras das Suas próprias mãos sejam reconhecidas, valorizadas e celebradas sob o som da música (ÊXODO 6:1; 15:1,2).

Porém, essa liberação de força em resposta aos gemidos de um povo conturbado foi apenas o começo. Quem poderia prever que, pela fraqueza das Suas mãos crucificadas, o Senhor um dia deixaria um legado de valor eterno e infinito? Alguém poderia ter predito a maravilha resultante e a grandeza da música cantada em louvor ao nome de Alguém que morreu carregando o insulto de nossos pecados e rejeição para mostrar o quanto Deus nos ama? MRD

*Você vê a mão do Mestre moldando-o para estampar
o nome dele em sua pessoa? O que Ele está
fazendo hoje para lembrar-lhe de que você é Seu filho?*

***Pai celestial, age através de nós hoje
para que outros vejam que devemos tudo a ti.***

DIA 86

CUIDADO VIGILANTE

Leitura: Jeremias 23:20-24

Pode alguém se esconder de mim [...]? Não estou em toda parte, nos céus e na terra?", diz o SENHOR. v.24

Antes que meu filho saísse correndo para a escola, perguntei-lhe se tinha escovado os dentes. Perguntei de novo, e lembrei-o da importância de falar a verdade. Impassível perante a advertência, meio brincando, o garoto me disse que precisávamos de uma câmera de segurança no banheiro. Assim, eu poderia conferir se ele havia escovado os dentes, e, portanto, não seria tentado a mentir.

Embora a presença de uma câmera possa nos ajudar a lembrar de seguir as regras, há lugares onde podemos ser imperceptíveis ou caminhos em que podemos evitar sermos vistos. Apesar de podermos escapar ou enganar uma câmera de segurança, iludimo-nos se cremos que em algum momento estamos fora do alcance do olhar divino.

Deus questiona: "Pode alguém se esconder de mim onde eu não veja? (JEREMIAS 23:24)". Nessa pergunta há um encorajamento e um alerta. O alerta é que não podemos nos esconder do Senhor. Não podemos fugir ou enganá-lo, pois Ele vê tudo o que fazemos.

Encoraja-nos saber que não há lugar na Terra ou no Céu fora do alcance do cuidado vigilante de nosso Pai celestial. Mesmo quando nos sentimos solitários, Deus está conosco. Não importa onde formos hoje, que a percepção dessa verdade nos encoraje a obedecermos a Sua Palavra e receber o Seu conforto. Ele cuida de nós.

LMS

Senhor Jesus, obrigado por não haver lugar onde eu possa estar fora do alcance do Teu amoroso olhar. Saber que me vês me ajuda a honrar-te com minhas palavras e ações.

Nunca estamos fora do alcance do cuidado vigilante de nosso Pai celestial.

DIA **87**

FALSA SEGURANÇA

Leitura: Marcos 1:9-15

O reino de Deus está próximo! Arrependam-se e creiam nas boas novas! v.15

Quando nosso cachorrinho Rupert era pequeno, ele tinha tanto medo de sair que eu tinha que arrastá-lo ao parque. Certo dia eu o soltei de sua coleira. Ele correu para casa, de volta à sua segurança. Isso me fez lembrar de alguém que conheci num avião, que começou a se desculpar comigo enquanto taxiávamos pela pista: "Vou ficar bêbado neste voo". "Parece-me que não é isso que você quer", respondi. "Não é, mas sempre recorro ao vinho", ele replicou. Ele ficou bêbado, e a parte mais triste foi ver sua esposa abraçá-lo quando ele saiu do avião, cheirar seu hálito e depois afastarem-se. A bebida era a segurança dele, mas essa não era uma solução segura.

Jesus começou Sua missão com as palavras: "O reino de Deus está próximo! Arrependam-se e creiam nas boas novas!" (MARCOS 1:15). "Arrepender" significa reverter a direção. O "reino de Deus" é o Seu domínio amoroso sobre nossa vida. Em vez de corrermos para lugares que nos aprisionam, ou sermos dominados por medos e vícios, Jesus diz que podemos ser governados pelo próprio Deus, que amorosamente nos leva à nova vida e liberdade.

Hoje Rupert corre até o parque latindo de alegria. Oro para que aquele homem que encontrei no avião encontre a mesma alegria e liberdade, abandonando sua falsa segurança. *SMV*

Em tempos de medo ou estresse em quais lugares de falsa segurança você se abriga? Como colocar-se sob o domínio libertador de Deus?

Jesus, perdoa-me por buscar a felicidade em lugares falsos. Arrependo-me e entrego minha vida a ti. Conduz-me à verdadeira liberdade.

DIA **88**

UM BOM PAI

Leitura: Salmo 63

Quando me deito, fico acordado pensando em ti, meditando a teu respeito a noite toda. v.6

Meu filho era bem pequeno e as viagens constantes afastavam o meu marido de casa. Embora Alan nos ligasse com frequência, houve noites em que só os telefonemas não consolavam o pequeno Xavier. Para acalmá-lo pela falta do pai, na hora de dormir, eu lhe mostrava fotos com as imagens dele passando tempo com o seu pai e perguntava: "Lembra disso?". Uma lembrança atrás da outra encorajava Xavier, que dizia: "Tenho um bom pai". Eu entendia a necessidade dele em lembrar-se do amor do pai quando não podia vê-lo. Sempre que passo por tempos difíceis ou solitários, também desejo saber que sou amada, especialmente por meu Pai celestial.

Davi proclamou seu profundo anseio por Deus quando estava no deserto, escondido de seus inimigos (SALMO 63:1). Ao meditar sobre as experiências pessoais com o poder ilimitado de Deus e o Seu envolvente amor, louvava o Senhor (vv.2-5). Nas noites mais difíceis, Davi ainda podia se alegrar com o cuidado amoroso e provedor de seu Pai (vv.6-8).

Em nossos momentos difíceis, quando sentimos como se Deus não estivesse conosco, precisamos de lembretes de quem Ele é e de como já demonstrou o Seu amor. Refletir sobre as experiências pessoais com Deus, assim como sobre os Seus atos, narrados nas Escrituras, podemos confirmar as incontáveis formas de o nosso bom *Aba* Pai nos amar. *XED*

*Senhor, obrigado por Teu infinito amor
por Teu povo em nossa vida e pelas palavras
que preservaste nas Escrituras.*

**Lembrar-se das obras de Deus que revelam
o Seu caráter reasseguram-nos sobre o Seu amor.**

DIA **89**

VIGIEM

Leitura: Mateus 25:1-13

Portanto, vigiem, pois não sabem o dia nem a hora da volta. v.13

A **música do cantor country** Tim McGraw, *Live like you were dying* (Viva como se estivesse morrendo) me inspira. Nela, ele descreve coisas interessantes que um homem fez após receber más notícias sobre a sua saúde. Ele escolheu amar e perdoar as pessoas mais livremente, falando-lhes com mais ternura. A música recomenda que vivamos bem, como se soubéssemos o quão breve a vida acabará.

O nosso tempo é limitado. É importante não adiarmos o que podemos fazer hoje, porque um dia ficaremos sem os amanhãs daqui. Isso é particularmente urgente para os cristãos que creem que Jesus pode retornar a qualquer momento (talvez no exato segundo que você estiver lendo essa frase). Jesus nos exorta a estarmos prontos, a não vivermos como as cinco virgens "tolas" que estavam despreparadas quando o Noivo voltou (MATEUS 25:6-10).

Mas essa música não conta toda a história. Nós que amamos a Jesus nunca ficaremos sem os amanhãs. Jesus disse: "Eu sou a ressurreição e a vida. Quem crê em mim viverá, mesmo depois de morrer. Quem vive e crê em mim jamais morrerá..." (JOÃO 11:25,26). Nossa vida nele jamais acaba. Portanto, não viva como se estivesse morrendo. Porque você não está. Pelo contrário, viva como se Jesus já estivesse chegando. Porque Ele está! MEW

Saber que Jesus voltará a qualquer momento impacta as suas escolhas?

Jesus, estou ansioso pelo dia do Teu retorno. Ajuda-me a usar o tempo que me deste para te honrar e servir bem aos outros.

DIA **90**

O PRESENTE DO TEMPO

Leitura: Lucas 6:37,38

O generoso prospera; quem revigora outros será revigorado. Provérbios 11:25

Fui ao correio com muita pressa. Tinha uma enorme lista de afazeres, mas, quando entrei, fiquei frustrado em encontrar uma longa fila que se estendia até a porta. "Corra e espere", murmurei, olhando meu relógio.

Minha mão ainda estava na porta quando um estranho idoso me abordou. "Não consigo fazer essa impressora funcionar", disse, apontando para a máquina atrás de nós. "Ela recolheu o meu dinheiro e não sei o que fazer." Na mesma hora soube o que Deus queria que eu fizesse. Saí da fila e resolvi o problema dele em dez minutos. O homem me agradeceu e foi embora. Quando voltei para a fila, ela tinha acabado. Fui direto ao balcão de atendimento.

Minha experiência naquele dia me faz lembrar as palavras de Jesus: "Deem e receberão. Sua dádiva lhes retornará em boa medida, compactada, sacudida para caber mais, transbordante e derramada sobre vocês. O padrão de medida que adotarem será usado para medi-los" (LUCAS 6:38).

A minha espera pareceu mais curta porque Deus interrompeu a minha pressa. Voltando os meus olhos para as necessidades dos outros, e me ajudando a dar do meu tempo, Ele me presenteou. Espero lembrar-me dessa lição, na próxima vez que olhar para o meu relógio.

JBB

Pai celestial, todo o tempo que tenho está em Tuas mãos, como um presente que vem de ti. Por favor, mostra-me como usá-lo para a Tua glória e honra.

Às vezes, a nossa lista de afazeres precisa esperar.